Alain Fresnot

Um cineasta sem alma

Alain Fresnot

Um cineasta sem alma

Alain Fresnot

imprensaoficial

São Paulo, 2006

GOVERNO DO ESTADO DE SÃO PAULO

Governador	Cláudio Lembo
Secretário Chefe da Casa Civil	Rubens Lara

imprensaoficial — **Imprensa Oficial do Estado de São Paulo**

Diretor-presidente	Hubert Alquéres
Diretor Vice-presidente	Luiz Carlos Frigerio
Diretor Industrial	Teiji Tomioka
Diretora Financeira e Administrativa	Nodette Mameri Peano
Chefe de Gabinete	Emerson Bento Pereira

Coleção Aplauso Cinema Brasil

Coordenador Geral	Rubens Ewald Filho
Coordenador Operacional e Pesquisa Iconográfica	Marcelo Pestana
Projeto Gráfico	Carlos Cirne
Assistência Operacional	Andressa Veronesi
Editoração	Aline Navarro
	José Carlos da Silva
Tratamento de Imagens	Amâncio do Vale
Revisão	Heleusa Angélica Teixeira
	Sárvio N. Holanda

Apresentação

"O que lembro, tenho."
Guimarães Rosa

A *Coleção Aplauso*, concebida pela Imprensa Oficial, tem como atributo principal reabilitar e resgatar a memória da cultura nacional, biografando atores, atrizes e diretores que compõem a cena brasileira nas áreas do cinema, do teatro e da televisão.

Essa importante historiografia cênica e audiovisual brasileiras vem sendo reconstituída de maneira singular. O coordenador de nossa coleção, o crítico Rubens Ewald Filho, selecionou, criteriosamente, um conjunto de jornalistas especializados para realizar esse trabalho de aproximação junto a nossos biografados. Em entrevistas e encontros sucessivos foi-se estreitando o contato com todos. Preciosos arquivos de documentos e imagens foram abertos e, na maioria dos casos, deu-se a conhecer o universo que compõe seus cotidianos.

A decisão em trazer o relato de cada um para a primeira pessoa permitiu manter o aspecto de tradição oral dos fatos, fazendo com que a memória e toda a sua conotação idiossincrásica aflorasse de maneira coloquial, como se o biografado estivesse falando diretamente ao leitor.

Gostaria de ressaltar, no entanto, um fator importante na *Coleção*, pois os resultados obtidos ultrapassam simples registros biográficos, revelando ao leitor facetas que caracterizam também o artista e seu ofício. Tantas vezes o biógrafo e o biografado foram tomados desse envolvimento, cúmplices dessa simbiose, que essas condições dotaram os livros de novos instrumentos. Assim, ambos se colocaram em sendas onde a reflexão se estendeu sobre a formação intelectual e ideológica do artista e, supostamente, continuada naquilo que caracterizava o meio, o ambiente e a história brasileira naquele contexto e momento. Muitos discutiram o importante papel que tiveram os livros e a leitura em sua vida. Deixaram transparecer a firmeza do pensamento crítico, denunciaram preconceitos seculares que atrasaram e continuam atrasando o nosso país, mostraram o que representou a formação de cada biografado e sua atuação em ofícios de linguagens diferenciadas como o teatro, o cinema e a televisão – e o que cada um desses veículos lhes exigiu ou lhes deu. Foram analisadas as distintas linguagens desses ofícios.

Cada obra extrapola, portanto, os simples relatos biográficos, explorando o universo íntimo e psicológico do artista, revelando sua autodeterminação e quase nunca a casualidade em ter se tornado artista, seus princípios, a formação de sua personalidade, a *persona* e a complexidade de seus personagens.

São livros que irão atrair o grande público, mas que – certamente – interessarão igualmente aos nossos estudantes, pois na *Coleção Aplauso* foi discutido o intrincado processo de criação que envolve as linguagens do teatro e do cinema. Foram desenvolvidos temas como a construção dos personagens interpretados, bem como a análise, a história, a importância e a atualidade de alguns dos personagens vividos pelos biografados. Foram examinados o relacionamento dos artistas com seus pares e diretores, os processos e as possibilidades de correção de erros no exercício do teatro e do cinema, a diferenciação fundamental desses dois veículos e a expressão de suas linguagens.

A amplitude desses recursos de recuperação da memória por meio dos títulos da *Coleção Aplauso,* aliada à possibilidade de discussão de instrumentos profissionais, fez com que a Imprensa Oficial passasse a distribuir em todas as bibliotecas importantes do país, bem como em bibliotecas especializadas, esses livros, de gratificante aceitação.

Gostaria de ressaltar seu adequado projeto gráfico, em formato de bolso, documentado com iconografia farta e registro cronológico completo para cada biografado, em cada setor de sua atuação.

A *Coleção Aplauso,* que tende a ultrapassar os cem títulos, se afirma progressivamente, e espera contemplar o público de língua portuguesa com o espectro mais completo possível dos artistas, atores e diretores, que escreveram a rica e diversificada história do cinema, do teatro e da televisão em nosso país, mesmo sujeitos a percalços de naturezas várias, mas com seus protagonistas sempre reagindo com criatividade, mesmo nos anos mais obscuros pelos quais passamos.

Além dos perfis biográficos, que são a marca da *Coleção Aplauso,* ela inclui ainda outras séries: *Projetos Especiais,* com formatos e características distintos, em que já foram publicadas excepcionais pesquisas iconográficas, que se originaram de teses universitárias ou de arquivos documentais pré-existentes que sugeriram sua edição em outro formato.

Temos a série constituída de roteiros cinematográficos, denominada *Cinema Brasil,* que publicou o roteiro histórico de *O Caçador de Diamantes,* de Vittorio Capellaro, de 1933, considerado o primeiro roteiro completo escrito no Brasil com a intenção de ser efetivamente filmado. Paralelamente, roteiros mais recentes, como o clássico *O caso dos irmãos Naves,* de Luis Sérgio Person, *Dois Córregos,* de Carlos Reichenbach, *Narradores de Javé,* de Eliane Caffé, e *Como Fazer um Filme de Amor,* de José Roberto Torero, que deverão se tornar bibliografia básica obrigatória para as escolas de cinema, ao mesmo tempo em que documentam essa importante produção da cinematografia nacional.

Gostaria de destacar a obra *Gloria in Excelsior,* da série *TV Brasil,* sobre a ascensão, o apogeu e a queda da TV Excelsior, que inovou os procedimentos e formas de se fazer televisão no Brasil. Muitos leitores se surpreenderão ao descobrirem que vários diretores, autores e atores, que na década de 70 promoveram o crescimento da TV Globo, foram forjados nos estúdios da TV Excelsior, que sucumbiu juntamente com o Grupo Simonsen, perseguido pelo regime militar.

Se algum fator de sucesso da *Coleção Aplauso* merece ser mais destacado do que outros, é o interesse do leitor brasileiro em conhecer o percurso cultural de seu país.

De nossa parte coube reunir um bom time de jornalistas, organizar com eficácia a pesquisa documental e iconográfica, contar com a boa vontade, o entusiasmo e a generosidade de nossos artistas, diretores e roteiristas. Depois, apenas, com igual entusiasmo, colocar à disposição todas essas informações, atraentes e acessíveis, em um projeto bem cuidado. Também a nós sensibilizaram as questões sobre nossa cultura que a *Coleção Aplauso* suscita e apresenta – os sortilégios que envolvem palco, cena, coxias, *set* de filmagens, cenários, câmeras – e, com referência a esses seres especiais que ali transitam e se transmutam, é deles que todo esse material de vida e reflexão poderá ser extraído e disseminado como interesse que magnetizará o leitor.

A Imprensa Oficial se sente orgulhosa de ter criado a *Coleção Aplauso*, pois tem consciência de que nossa história cultural não pode ser negligenciada, e é a partir dela que se forja e se constrói a identidade brasileira.

Hubert Alquéres
Diretor-presidente da
Imprensa Oficial do Estado de São Paulo

Antes cedo do que nunca!

Com surpresa tomei conhecimento de que meu nome iria fazer parte desta coleção da Imprensa Oficial do Estado. Quero crer que seja um pouco prematuro, mas, enfim, antes cedo do que nunca! É uma alegria saber que minha carreira ficará registrada à disposição dos interessados e de meus netos, independente de quais serão em maior número.

Devo esta pertinência a Rubens Ewald Filho, que exerce seu ofício acima de nossa constelação de críticos, excelente profissional ligado ao mercado. Esta posição como crítico e pesquisador lhe garantiu saudável imunidade ao "rame rame" da crítica cotidiana e lhe permitiu ter a oportuna e generosa idéia de criar esta coleção. Sou-lhe duplamente grato. Por isso e por incluir-me nela.

O título *Um cineasta sem alma*, que pode surpreender aqueles para quem o humanismo é indissociável da fé, se deve, claro, à diversidade de meus poucos filmes que, à primeira vista, pouco têm em comum. Pensei também batizar este livro "Murros em Ponta de Faca", título que dispensaria esclarecimentos, mas acabei optando pelo primeiro, mais provocador, e ligado às obras e não ao processo de produção.

Entendi incluir ao longo da narrativa algumas matérias que publiquei na imprensa, uma vez que o exercício da direção cinematográfica no Brasil é indissociável da política cinematográfica, como se verá.

A memória também evoca os colegas, alguns que conheci bastante e que não tiveram oportunidade de fazer seus relatos desta nossa fascinante profissão: Chico Botelho, Denoy de Oliveira, Lima Barreto, Roberto Santos, Roberto Palmari e Walter Hugo Khouri, entre outros.

Como me tornei diretor? Tomo emprestada a explicação de Peter Brook: é diretor quem se diz diretor e depois convence os outros de que isso é verdade.

Alain Fresnot

São Paulo, novembro 2006

Agradecimentos

Para minha alegria, o professor Ismail Xavier aceitou a árdua tarefa de ver ou rever meus filmes e tentar encontrar algum sentido neles. Apesar da certeza de que não tenho como agradecer a honra de tê-lo como meu anfitrião nesta simpática coleção, sou-lhe grato assim mesmo...

Quero agradecer a Nathália Gladeck, que iniciou a transcrição e a pesquisa da filmografia, e ao jovem Marco Goraieb, que enfrentou a tarefa de estruturar comigo estes textos, controlar o bom andamento das revisões, sem o qual este livro não seria possível.

Agradeço também a Aloísio Raulino, Artur Xexéo, Caio Fernando Abreu *(in memorian)*, Joyce Pascowitch, José Carlos Avellar, Laerte Coutinho, Luís Fernando Veríssimo, Marcelo Coelho, Paulo Caruso, Rosane Pavan, Shirley Paradiso, Sérgio Habib e Wladimir Weltman pela autorização de inclusão de desenhos, matérias e notas de imprensa que enriquecem e colorem este depoimento.

A todos, muito obrigado.

Prefácio

A leitura do texto de Alain Fresnot que compõe o corpo central deste livro definiu, para mim, um passeio por lugares de memória pessoal associados a um leque de experiências comuns que marcaram nossas formações e que foram vividas antes que a Cidade Universitária selasse o encontro das sucessivas "turmas" (não propriamente gerações) que passaram pela Escola de Comunicações e Artes e abraçaram o cinema.

Acompanho o percurso de Alain desde os bancos da Escola, mas este não foi o primeiro cenário de sua formação na área. Vários lances aqui relatados, ou são anteriores ou simultâneos (a militância na ABD), mostrando um empenho na intervenção imediata no campo, num engajamento precoce bem típico daquele momento da cultura. Nessa fase, vale o registro da presença de Alain no grupo de jovens cine-clubistas que se dedicou voluntariamente à Cinemateca Brasileira e zelou pela sobrevivência de funções postas em colapso pela crise aguda de início dos anos 70 (junto com Felipe Macedo, entre outros).

Seus primeiros tempos de cinéfilo nos mostram o passeio por uma variedade enorme de ofícios e interesses que vão além do clássico percurso de iniciação como espectador, evidenciando uma ligação entre cultura e política bem típica de todos nós que começamos a vida de cinéfilo nos anos 1960. Neste sentido, os encontros com o movimento estudantil, a experiência da morte dos amigos pela repressão, a excursão renovada ao barracão da Cinemateca no Ibirapuera, não seriam traços distintivos, pois passamos quase todos pelas sessões da SAC, na rua Sete de Abril, bem como pelo Cine Bijou, na Praça Roosevelt. Mas me chamou a atenção o paralelo mais curioso, no plano pessoal, trazido pela condição de ex-aluno do Colégio de Aplicação (que mudava minha vida), pelo contato com o Foto-Cine Clube Bandeirantes, na época dirigido por Adhemar Carvalhaes, lugar onde fiz o meu primeiro curso rápido de cinema e conheci os diretores Roberto Santos, Walter Hugo Khouri, Carlos Coimbra, Anselmo Duarte que haviam sido convidados para das as aulas numa série que teve grande impacto em meus primeiros anos de cinéfilo. E Alain também destaca, em seu diálogo com o mundo das Cinematecas, a figura extraordinária de Aluízio Leite, o amigo da Cinemateca do MAM do Rio de Janeiro que, no meu caso, foi parceiro de um diálogo que se iniciou em 1974 e se estendeu até os anos 90. Afinidades estéticas não faltaram em nossas descobertas da época, como a adesão entusiasmada ao tropicalismo, no apogeu dos

Festivais de MPB da Record, a participação nas polêmicas culturais que dividiram os estudantes em 1967-68. Tudo se liga a um perfil de época e de geração que pessoas que passaram pela universidade entre 1968 e 1973 partilharam, como alguns cineastas da minha turma - Djalma Batista, Walter Luiz Rogério, Aloysio Raulino e Plácido de Campos Junior – ou das que vieram logo a seguir, como Carlos Augusto Calil, Chico Botelho, Sérgio Bianchi e o próprio Alain.

Não surpreende que, durante o curso, Alain fizesse parte da ala dos já iniciados, parte integrante dos emergentes num meio cultural que sofria toda sorte de constrangimentos desde o AI-5, decretado em dezembro de 1968.

Ao lado do seu diálogo com um elenco de figuras do meio, ele adensou aí sua conversa com Paulo Emilio, Jean-Claude Bernardet e Maria Rita Galvão, e aliou o espírito de Cinemateca com as inquietações de sua geração, partindo logo para a realização de um longa-metragem. Era próprio aos estudantes fazer curtas-metragens como forma de auto-reconhecimento como cineasta, mas ele foi além, recolhendo a experiência acumulada de homem do *mêtier* e fazendo *Trem fantasma* (1976), seu ensaio de juventude, uma experiência que Alain vê como positiva, formadora, no plano do domínio da narrativa, mas ingênua do ponto de vista de seu recado ideológico; um exemplo radical de filme de baixo orçamento, baseado no empenho de grupo.

Estamos em meados dos anos 70, quando começa a se articular o trabalho dos jovens cineastas que, com diferentes trajetos, irá convergir na geração Vila Madalena, outro pólo, ao lado do Cinema da Boca, que marcou a experiência do chamado novo cinema paulista dos anos 80. A Tatu Filmes e a Superfilmes, entre outras produtoras, definiram caminhos que marcaram o cinema brasileiro no momento em que se instalava a Nova República. Tratava-se da construção de um cinema pós-Cinema Novo e pós-Cinema Marginal que teve na experiência das produtoras da Vila um momento de grande inquietação cultural, propositivo, antes que, no início do governo Collor, a desestruturação institucional do cinema – em verdade, já em crise antes de 1990 – atropelasse de vez um processo que se mostrava mais promissor do que o futuro permitiu.

Nessa fase, Alain fez *Lua cheia*, já às vésperas do colapso de todo um sistema de produção e distribuição organizado na órbita da Embrafilme. Recolheu os cacos da crise, como outros filmes contemporâneos que a sua geração produziu (lembremos de *Beijo 2348/72*, de Walter Luiz

Rogério).[1] Inserido no contexto de produção da Vila, *Lua cheia* tem uma proposta singular que se afasta de um cinema popular dentro da perspectiva aberta, em São Paulo, por um filme como *Asa Branca, um sonho brasileiro* (1980) de Djalma Batista, cristaliza naquele momento; ao mesmo tempo, se afasta também do cinema da noite urbana, tal como vimos em *Cidade Oculta* (1986) de Chico Botelho, *Anjos da noite* (1987) de Wilson Barros e *Dama do Cine Shangai* (1987), de Guilherme de Almeida Prado.

O filme de Alain comporta uma mistura de referências, da comédia e do cinema dramático, mas não tem como programa o diálogo com o filme de gênero ou as citações que muitos associaram a um estilo pós-moderno. Chega à cidade de forma oblíqua, concentra-se no lado caipira de seu empresário-protagonista e marca a sua diferença com os amigos dispostos a dialogar com os quadrinhos, como Chico Botelho, ou a fazer um retrospecto do debate cultural que incluía alusões irônicas ao nacional-popular, como Wilson Barros. A opção foi o diálogo com

[1] O quadro que Alain traça deste momento de *Lua cheia* é tenso. Os problemas, as pequenas manobras, as esperas e os conflitos com amigos trazem um tom ácido que contrasta com a auto-ironia de tudo o mais, desenhando um cenário de relações pessoais que me surpreendeu e que não posso avaliar.

um texto de Brecht que permeia todo o filme, na busca da dissecação de uma relação de poder e cooptação.

Tudo gira em torno do empresário-pai de família, figura efetivamente mergulhada na solidão "no meio da parentela" e no isolamento do poder na esfera do trabalho, condição só atenuada pela relação com o seu motorista. O dinheiro e o arbítrio do poder já não conseguem os mesmo efeitos compensatórios; quebra-se a ilusão de que há algum valor na forma como mistura os negócios e uma vida privada totalmente esvaziada de conteúdo. Tal como o empresário do romance de Nelson Rodrigues, o Sabino de *O casamento* (adaptado por Arnaldo Jabor em 1975), sua catarse se dá no momento do grande ritual – o casamento da filha - quando faz um jogo da verdade, cancelando o compromisso na hora da festa e expondo os seus motivos. Este virar as coisas ao avesso só vem reforçar a sua fantasia que vê seu motorista como seu "sucessor" mais legítimo, algo que recompensaria a paciência, a subserviência (esta também cínica) e a eficiência no apoio a tudo o que seu patrão faz em todos os planos da vida, incluída a sua própria humilhação como funcionário. O final marca a deriva dos dois – quase como um momento de entropia de sua simbiose, sempre mais calculada pelo empregado do que pelo patrão (identidade na diferença de classe e forma bastarda da luta de classes). Os discursos sobre o Brasil e o progresso, que pontuam início e fim, expõem o disparate quando proferidos por este misto de fazendeiro e capitão de indústria, um resíduo de patriarca já fora do lugar. O Brasil-fazenda se mescla ao pólo industrial e ele fica perdido neste meio caminho, cafona na escolha de sua vida noturna bem precária. Aqui, se radicaliza o acanhamento dos prazeres dos novos ricos, tal como se vê em *São Paulo S/A* (Luiz Sérgio person, 1965), com a diferença de que ele não é o imigrante italiano, mas um caipira de nome Guimarães a percorrer zonas de prostituição periféricas, desajustadas a um padrão monetário que não alcança o consumo condizente com o seu patrimônio e renda. Um machista egocêntrico e infantil que está longe de seus antecessores na história da Província de Piratininga, tal como se verá em *Desmundo* (2003).

Guimarães é patético. Não tem a grandeza – nem do santo que quer ser quando bêbado, nem do empresário e cidadão ciente do seu poder e do papel que gostaria de ter num projeto nacional. Como o acompanhamos de perto, passa enorme desconforto, o que afasta o filme do ritmo convencional de uma comédia, o que constituiu um problema junto a um público que esperava mais agilidade. Afinal, a fronteira entre os gêneros tem a ver – embora isto não seja tudo – com o "timing", com esta captura do momento. Há, no entanto, uma oscilação de tom na performance de Lima Duarte, levando a que o sarcasmo a seco de Brecht ganhe uma eloqüência excessiva. Alain pagou aí imposto a um estilo dramático mais afeito ao teatro de denúncia e a uma tradição alegorizante com marca nacional. Esta sobrecarregou o personagem apanhado num momento de crise, e tornou a sua catarse mais derramada do que, talvez, devesse ser. O mais importante a observar é o quanto a fatura de *Lua cheia* já mostra uma inclinação do cineasta para o trágico que ganhará força mais adiante, depois de um debate seu com matérias afinadas ao estilo cômico. Sua tônica nesse mergulho na comédia foi a busca de novas referências no diálogo com o teatro e a recusa da tradição mais descontraída do humor, seja a da urbanidade moderna de Domingos de Oliveira, seja a do repertório da chanchada, seja a dos derramamentos da comédia paulista caipira, com sua nostalgia e sentimentalismo.

Neste filme, e nos momentos subseqüentes, Alain vem construindo um estilo que guarda tensões com as formas da cultura com que teve envolvimento e adesão na juventude – penso no tropicalismo. Familiarizado com o modernismo e seus desdobramentos, tendo uma experiência que inclui a relação direta com tendências do cinema paulista avessas ao realismo e a uma narrativa mais clássica, o Alain diretor tem feito prevalecer a opção por uma decupagem clássica, pelo exercício da verossimilhança própria aos gêneros que mobiliza, de *Lua cheia* a *Desmundo*, passando por *Ed Mort* (1996). Os longas-metragens que dirigiu expressam uma atenção ao problema da personagem, um exercício renovado da construção de figuras fortes (cada qual no seu gênero) que avança e encontra realização plena em *Desmundo*, seu melhor filme, com Oribela e Francisco. Sua atenção ao personagem e ao roteiro se evidencia na forma como buscou seus interlocutores, seja na peça escrita (Bertold Brecht), na crônica de jornal, no conto e nos quadrinhos (Luiz Fernando Veríssimo), no romance (Ana Maria Miranda); todos materiais de base que ele trabalhou sempre em parceiras (Fernando Cony Campos, Isa Castro, José Rubens Chachá, Sabina Azuategui).

O cinema da retomada ofereceu condições mais favoráveis a tal empreitada e, no primeiro passo, Alain optou, novamente, pela comédia como forma de abraçar o entretenimento e exercer uma postura crítica diante do social. Temos aí a conspiração do empresário e seus caprichos que definem destinos, em conluio com a corporação da mídia e da indústria do imaginário infantil. Contra eles, o personagem do detetive particular sem jeito, Ed Mort. A parceria com Luiz Veríssimo define bem o compromisso entre o entretenimento e a reflexão típica à sátira social, representada aí por um de seus escritores mais brilhantes. Inserido num esforço geral do cinema em sua busca de resultados no mercado, o filme busca a ironia que deve se aliar à leveza, à não pretensão, e comunicar sua atenção às questões sociais sem prejudicar a fruição descontraída das situações. O travestimento, o disfarce, o teatro e a metamorfose estabelecem a metáfora central para o esconde-esconde próprio a quem vive a distância entre pretensão e performance como o faz Ed Mort, o anti-herói ultrapassado pelas situações. Neste particular, há aqui um traço que remete aos anos 80 - a citação do gênero da indústria, o paralelismo com paradigmas conhecidos, tomados aqui a partir da inversão, pois Ed não tem a intensidade do romantismo à Casablanca, nem a acidez do solitário vivido por Humphrey Bogart, perdido no labirinto da cidade desenhado pelo *film noir*. *Ed Mort* é um filme mais diurno, e sua contundência maior se prende à presença da antropofagia exercida pela mídia que aqui literalmente transforma crianças em salsichas, num esquema em que a imagem e a menina lindinha funcionam como gracinha kitsch – e de bom resultado na TV – que recobre a sordidez do sistema em seu subterrâneo. A opção de Alain é fazer desta metáfora antropofágica um tema, não um estilo, pois os ecos de uma verve crítica aprendida do tropicalismo não se traduzem aqui em opção de cinema, mas em traço de um diagnóstico social construído em outro estilo. O movimento, no entanto, é semelhante, pois repõe a televisão, e sua engrenagem moderna bem azeitada, no banco dos réus (no plano ético), ressalvando o seu poder diante da incompetência de seus opositores.

No centro da engrenagem, a figura do empresário pai de família. Mais um exemplar – agora menos patético e, em si, menos interessante do que Guimarães, pois vale só pela sua posição, não como personagem. Ele é uma peça do teorema, sem densidade, pois não é o objeto da atenção, e sim o mecanismo que incorpora a infância como expressão de uma nova área de operações do capital. Quanto a Ed Mort, desfila seus limites diante de uma câmera que continua bem próxima dos personagens, expondo seu lado titubeante que não o permite nem sequer recolher as ressonâncias de um romantismo que não era mesmo a tônica desejada. Reitera-se uma feição *gauche* do protagonista já presente em *Lua cheia*, embora aqui ele não seja aqui a figura do pai-empresário, mas seu antagonista. Recolhe a empatia? Sim, *ma non tropo*.

Meu enredo neste comentário vai construindo um Alain personagem que escapou do drama enquanto pôde, e uma psicanálise de bolso sugere que isto pode ter a ver com o recalque do feminino (fica a hipótese). De qualquer modo, as mulheres são pálidas, sem graça, em *Lua cheia*, tanto no pólo família e quanto no pólo bordel. E a jovem de *Ed Mort* compõe um tipo malandro que oscila entre a sedução do teatro erótico da inocência (diante da câmera de TV) e a vulgaridade gestual e lingüística quando ela vive os conflitos dos bastidores da trama. Cláudia Abreu traz intensidade, mas o tipo que representa é alusão – com dose de cinismo explícito – de um tipo de estrela-empresária que faz um jogo sinistro. Era talvez preciso que o feminino se libertasse deste pêndulo entre a inocuidade e a vilania para que o drama se tornasse possível, ganhasse densidade e nos oferecesse uma reflexão sobre a história do patriarcalismo brasileiro que compõe um dos melhores filmes da retomada. *Desmundo* é o gol de Alain.

De Lima Duarte, passamos a Osmar Prado, cujo personagem ganha pela envergadura da ação, pela performance do ator e pela altura em que se coloca a sua opositora: a moça Oribela, na notável interpretação de Simone Spoladore. Uma incursão nos idos de 1570, extraída do livro homônimo de Ana Maria Miranda, *Desmundo* traz a arqueologia da família de Piratininga, com notável precisão na representação dos conflitos de dimensão histórica. E o drama se revela o gênero deste cineasta, com toda a sua feição clássica e com uma reunião acertada de competências – Helder Ferreira (a consultoria linguística fundamental) Sabina Azuategui, co-roteirista, Adrian Cooper, Chico Andrade, Marjorie Gueller, Pedro Farkas, Romeu Quinto, Marlui Miranda, John Neschling e o notável elenco.

Repisando um solo já cansado de percursos míticos, o filme de Alain navega a contrapelo da miragem de um sexo festivo nos trópicos, ou das leituras complacentes de Gilberto Freyre. Expõe a violência constitutiva da Casa Grande em sua fase incipiente, um mundo sombrio descortinado por movimentos de câmera que seguem o olhar tenso da jovem oprimida. E o faz num estilo cinematográfico grave, de ritmo lento, dissonante da ode contemporânea da agilidade, pois a regra aqui é o drama, não a farsa, tal como em *Hans Staden* (2000), de Luiz Alberto Pereira.

Considerado o desejo de História no cinema brasileiro recente, Alain traz um aporte original e se afasta da chanchada e dos estereótipos, ou das versões amenas do período colonial (ver *A invenção do Brasil*, de Guel Arraes). Seu impulso em direção ao sério-dramático recusa até mesmo um alinhamento com sátiras mais conseqüentes, como a do cinema que recolheu o bom humor da antropofagia oswaldiana, como o fez Nelson Pereira dos Santos em *Como era gostoso o meu francês* (1971). *Desmundo* veio para destoar, como Oribela, a protagonista. O filme desvela o mundo rústico e opressivo da colônia a partir do ponto de vista da mulher cativa. De começo a fim, é a tonalidade da dor, o ritmo da angústia, o olhar acuado que deve avaliar o que o cerca e constrange. De começo a fim, é a língua que nos estranha e solicita o letreiro, um sistema de marcação de distância e historicidade que dá ressonância à composição visual em seu efeito, aqui lúcido, de configuração de um tempo.

Na abertura do filme, é a noite escura e o silêncio; vê-se um mastro de velas recolhidas balançando. A imagem seguinte revela o foco da visão: a jovem olha através de uma fresta. Observada por olhos entocados, a caravela se mostra uma prisão. Vêm os créditos do filme, e um plano noturno do mar, de ponta cabeça, resume o que virá: estamos no "desmundo", no lado debaixo do mundo, invertido. Jogo de olhares, hábil montagem de detalhes – a decupagem clássica se faz aqui o ponto de adensamento do drama. Subjetivação, encontro pleno com o rosto da personagem que se manterá até o fim.

Chegam ao Novo Mundo, as moças brancas do reino, órfãs que a Coroa concedeu à Igreja e esta aos colonizadores da terra para aplacar os seus pecados com a benção do matrimônio e afastá-los das índias. A missão das virgens é transformar aventureiros em patriarcas, fundadores de uma nova sociedade cristã cuja história subterrânea se faz de travessias como a de Oribela, a moça que não aceita a condição imposta. Da primeira imagem do seu rosto entre barras (as madeiras do navio) até sua imagem final, não menos grave, ela resiste sempre. E sua altivez a faz um corpo estranho neste mundo onde tudo fica mais simples desde que se obedeça. Cabe a Francisco de Albuquerque (Osmar Prado) subjugá-la, segundo a regra de posse dos donos da terra. Ele abriu na floresta um protótipo de "civilização", uma clareira onde reina soberano, desafiando a Igreja, a Coroa e as leis do incesto, ao que tudo indica. Em seu projeto, no entanto, Oribela é quem, à revelia, vai se tornar a peça central. De pouca fala, Francisco revela seus sonhos no gesto, como quando apalpa o ventre da mulher na esperança de um sinal, enquanto ela, também em silêncio, concebe planos de fuga que, uma vez postos em prática, fazem *Desmundo* compor um movimento de vai e vem entre sertão e mar. Esta alternância maior se articula com outra, bem marcada, entre os dias de trabalho ao sol e as noites longas, tensas, de um convívio feito de gestos mudos de comando, apelos de compreensão e paciência, arranjos ora opressivos, ora ternos (pois Francisco ama sua mulher, ressalvada a dureza no jogo de poder). Ela grita "não sou restolho", "não sou bicho". E mais de uma vez o seu olhar encontra o sorriso das índias que não entende, mas com quem partilha o espaço e a condição neste terreno do encontro de culturas, feito de novos espaços, novos utensílios, e tudo o mais que se desenha de forma austera na excelente cenografia de Adrian Cooper e Chico Andrade, extraordinária construção ajustada ao teor da experiência histórica vivida e ao movimento dramático de clausuras cercadas por uma natureza potente que, pelos contrastes, também se valoriza sem os paisagismos costumeiros.

A praia se faz ponto limite, espaço de ações decisivas, pois Oribela, na aparente submissão, traz sempre o mar consigo, a esperança de retorno. De uma feita, o seu sonho se projeta na figura de Ximeno Dias (Caco Ciocler), o cristão novo que lhe dá abrigo e afeto, o primeiro sexo feliz traduzido em sorriso no seu rosto grave (sugestão de uma fertilidade que encontrará eco depois). Dentro de um quadro de padecimento mudo, interiorizado e filosófico, não propriamente de ressentimento, diante do espanto diante de uma violência irrecuperável que se manifesta como regra tácita do mundo, ela encontra o comerciante de horizontes mais largos que a acolhe, marcando a presença, desde cedo na colônia, de um segmento étnico-cultural sempre esquecido no imaginário oficial da formação nacional, com seu canto para as "três raças".

É entre essa esperança de libertação e o poder estabilizador de Francisco que se dá o duelo maior de *Desmundo*. Confinamento e expansão; sertão (fixação) e mar (liberdade) novamente opostos no cinema brasileiro a definir o destino da figura feminina, pois o movimento de Francisco é de "marcha para o Oeste", como um protopaulista do litoral norte, homem rude no estilo bandeirante que quer se ver livre do controle dos padres (e de seu seqüestro da mão obra infantil, a ser destinada para a catequese), bem como do olhar e confisco da Coroa. Oribela se volta na direção contrária, insiste na empreitada arriscada, mas a segunda tentativa de fuga, apesar da cumplicidade de Xinemo, se mostra também incapaz de sucesso, embora mais planejada, sem a ingenuidade da primeira. Duas vezes recapturada, Oribela tem que se conformar com a morte de Ximeno; com a vitória de Francisco.

O horizonte do filme não é épico ou nacionalista, pois seu ponto de vista é o da mulher cativa que assimila os golpes e termina por se inserir na ordem das coisas, cumprindo o papel que dela se espera. A situação contraditória e o tratamento sério-dramático valem como reposição de um realismo hoje raro de encontrar no bom filme histórico. Trata-se, portanto, do drama de nas-

cimento, mas a fatura deixa claro que o objetivo é explorar ironias fora do quadro usual das idealizações que tal tipo de relato exibe. O par que aí se une no final não converge porque se ama, porque realiza, no destino do par romântico, a união que se projeta na comunidade e tem no casal feliz a promessa do que será o futuro. Não há promessa, há apenas a imagem das condições limite dentro das quais o poder impõe uma tarefa: formar a família e reproduzir. Oribela veio da Europa para isto. À revelia foi trazida, à revelia permanece para viver uma experiência dura e, ao mesmo tempo, notável como bem expressa a cena do parto (de cócoras, como as índias), quando o seu rosto traz o grito de dor enquanto recebe o apoio das índias e de seu saber local sobre as coisas essenciais da vida. São elas que recebem o bebê com o riso e simpatia num ritual que visa aplacar as dores da parturiente. Neste momento simbólico, Oribela e as índias compõem a imagem da experiência de afirmação da vida em condições extremas, lá onde a continuidade se faz e um futuro, seja qual for, se anuncia, mesmo que na esteira de um constrangimento que se admite porque já fato consumado. Seu destino é viver dentro desta mescla de prisão e abrigo que a imagem final de *Desmundo* tão bem condensa: temos a imagem da rede dentro da qual ela e o bebê são alojados para um deslocamento que não sabemos se episódio rotineiro de um cotidiano ainda perto do mar ou momento de mais um passo em direção ao planalto paulista, para sedimentar um projeto de colonização.

O rosto de Oribela em primeiro plano traz a imagem da mulher como prisioneira e mãe, cumprindo aí a missão civilizatória que as narrativas de fundação lhe atribuíram, quase sempre com enredos mais amenos e celebrações que apagam a natureza própria do que foi opressão no curso da história. E o cinema brasileiro dá outra expressão, agora num plano histórico mais abrangente, ao que tem sido uma tônica dos filmes urbanos mais recentes que observam a conjuntura atual e destacam os pólos de resistência à barbárie, num impulso de auto-imagem do cinema e da arte como negação de uma ordem social pautada pela desigualdade, concentração de poder e violência. Oribela é a projeção disto tudo num filme que faz a arqueologia da família patriarcal brasileira e revolve seu subsolo de opressão. Ela é, a seu modo, uma humanizadora do inevitável. Ou seja, da globalização no século XVI.

Cinco séculos depois, estamos às voltas com mais uma etapa da globalização, agora em estilo *high tech*, veloz e digitalizada, talvez um pouco menos patriarcal, embora não se possa dizer menos desigual. Como um setor da cultura radicalmente atingido pelos influxos do tempo e da ordem internacional, o cinema se faz um terreno de tensões, com descontinuidades difíceis de suportar, condição que o "cineasta sem alma" comenta mais de uma vez em seu relato autobiográfico. O que me preocupa, ao final, é o verbo "amargurar" referido às vicissitudes da produção quando esta se vê travada pela crônica dos concursos e pela ciranda da Lei do Audiovisual, onde há muitos náufragos para a mesma tábua de salvação, e onde o Porto Seguro, quando à vista, pode ser uma demanda pesada por esse papel humanizador do tipo que assaltou Oribela. Isto faz parte do jogo e não é o caso de montar o coro das vítimas do desastre. Afinal, tem sido regra do capitalismo esta delegação de papéis que, embora hoje relativizada, ainda se apóia na idéia de que é próprio ao real – a economia, o poder – ser mesmo uma carnificina e, se é o caso de haver compensações, isto é responsabilidade dos artistas e das mulheres. O dado mais complicado é que, por sua vez, o mundo da arte e da cultura tem lá sua dimensão de "carnificina do espírito", como diria o filósofo. Haja humor e fibra.

Ismail Xavier

Pasá,

Pama,

Pali,

Padê,

e paquem vier!

Josicô fantasiado de jovem turco tradicional
(arquivo pessoal)

Os pais do meu pai

As três religiões monoteístas conviviam pacificamente na Espanha, até que a intolerante rainha Isabel de Castela, em 1492, colocou à comunidade judaica uma opção desconfortável: a conversão ou o exílio.

Os antepassados de meu pai foram para a Turquia. A cultura ladina em Istambul no início do século XX ainda era conservada, testemunho da importância histórica que teve entre os séculos X e XV na península ibérica. Meu pai, José, falava ladino, dialeto hispânico que meu avô tinha mantido, assim como o pai dele, antes disso, desde o século XV, o que facilitou sua adaptação ao Brasil.

Na década de 20, a Turquia era dirigida pelo presidente Kemal Ataturk, que ocidentalizou o país à força, obrigando os turcos a usarem chapéus ocidentais. Meu avô, Mizon, comerciante, circulava entre Beirute, Istambul e Viena. Nessa última, diz a lenda familiar, ele encheu um vagão de trem de chapéus ocidentais levados para Istambul, o que, ainda segundo a lenda familiar, o enriqueceu. Posteriormente a família se instalou em Viena, onde abriu uma loja de louças e cristais que prosperou razoavelmente. No começo dos anos 30, percebendo os primeiros sinais de antissemitismo surgindo, eles rumaram a Paris. Meu pai, José, chegou com 3 anos de idade a Paris, seu apelido era Josico, com acentuação na última sílaba, Josicô.

Seus pais, Mizon e Sara, primos de primeiro grau, abriram uma loja de aviamentos em Paris, um armarinho. Durante a guerra, depois de uma fuga para o interior, meu avô, minha avó e meu pai foram capturados pelos alemães no final de 1943, sendo levados para o campo de Drancy, na França. Esse campo de concentração de prisioneiros era o início de uma peregrinação cujo

José, meu pai, primeiro à esquerda; Fredi, meu tio e Mizon, meu avô, últimos à direita; Sara, minha avó, sentada, a primeira da direita para a esquerda.Todos com a estrela-de-davi obrigatória, mas soltos e protegidinhos pelos passaportes turcos

final era em forma de fumaça nas chaminés dos campos de extermínio da Polônia e da Alemanha. Felizmente, a neutralidade da Turquia que, a exemplo do Brasil de Getúlio, manteve durante um bom tempo o suspense sobre a que lado iria finalmente se aliar, constrangia Hitler a poupar os turcos, ainda que judeus, da deportação.

Quando finalmente Hitler, sabendo a guerra perdida, resolve privilegiar o extermínio das "raças inferiores", em detrimento do esforço militar, abandona as sutilezas e ordena a deportação e conseqüente assassinato dos judeus turcos da França. Meu tio Fredi e minha tia Suzi, que tinham escapado da captura, conseguiram sensibilizar o vice-consul da Turquia em Paris, que se comunicou com a direção do campo, conseguindo não só a não deportação da família, como também sua soltura, sob a promessa de um retorno de todos para a Turquia em 15 dias. A direção do campo era da polícia francesa, colaboracionista, mas como já estávamos em 44, eles não tinham mais tanta vontade de fazer o serviço sujo para os nazistas.

Os pais de minha mãe

Minha mãe é polonesa, a família dela era de pobres artesãos. Meu bisavô materno lidava com cavalos, tratava animais. Teve 8 filhos. Eles moravam em uma aldeia polonesa. A Polônia tinha, na época, a maior comunidade judaica do mundo, com três milhões de seres humanos. No início dos anos 30, minha avó Rachel, já casada e com duas filhas pequenas, a mais velha minha mãe, decidiu ir para a França. Meu avô Max foi na frente, era alfaiate e trabalhou um ano em Paris para conseguir trazer a pequena família.

Tia Fernanda, avó Rachel e Fanny, minha mãe, em 1930 ou 31

Com a chegada da mulher e das duas filhas, ele saiu do cômodo num subsolo de Beleville em que vivia e trabalhava e foram morar num quartinho no quarto andar de um prédio da Rua D'Aboukir, no bairro do Sentier. O mesmo onde, no andar térreo, meus avós paternos haviam montado sua loja de armarinho. Foi aí que meus pais se conheceram, logo no final da 2ª Guerra. Minha mãe, Fanny, tinha em torno de 19 anos e meu pai, José, um pouco mais.

Meus avós maternos se separaram durante a 2ª Guerra. Minha avó Rachel era uma mulher extremamente corajosa e com iniciativa. Em meio à Guerra, no inverno, atravessou os Pirineus a pé com o marido para fugir do nazismo. Uma vez, na Espanha, foram presos, ela e meu avô, sendo obrigados a gritar "Viva Franco" enquanto caminhavam no pátio da prisão com as mãos na cabeça. Isso durou mais ou menos um mês e era um hotel cinco estrelas comparado com o que os aguardaria se presos na França e deportados.

Saída da prisão espanhola, minha avó seguiu para o Marrocos, onde trabalhou como empregada doméstica em Casablanca. Nessa ocasião, se separou de meu avô Max. Minha mãe e minha tia ficaram escondidas durante a guerra num convento na França, graças a uma funcionária da prefeitura de Saint-Etienne, comunista da resistência, que conseguiu documentos falsos. Ela forjou um falso sobrenome para que as duas irmãs pudessem permanecer nesse convento com as freiras Carmelitas. Até hoje a minha mãe tem enorme adoração pelas Carmelitas. Essa mesma funcionária advertiu meus avós de que eles estavam nas listas de deportação das autoridades alemãs, de forma que depois de dormirem em igrejas e instalarem as filhas, eles tomaram o rumo da Espanha. Nessa altura, já havia nascido a terceira filha, minha tia Germana, que com pouco mais de um ano de idade foi entregue aos cuidados de uma família cristã. Minha mãe tinha 15 anos e minha tia Fernanda, 14.

A união de meus pais foi atípica, pois eram raros os casamentos de judeus Sefaradi, como era a família do meu pai, com judeus Askenasi, da Europa do Norte. Isso se explica em parte pela desorganização do pós-guerra e pelo fato ambas as famílias serem liberais. Eles se casaram em 1947, em 1948 nasce meu irmão Daniel. Eu nasci em 1951, 6 de junho. Meus cabelos cacheados me valeram o apelido de "bounhoul", algo como pixaim ou africano.

46

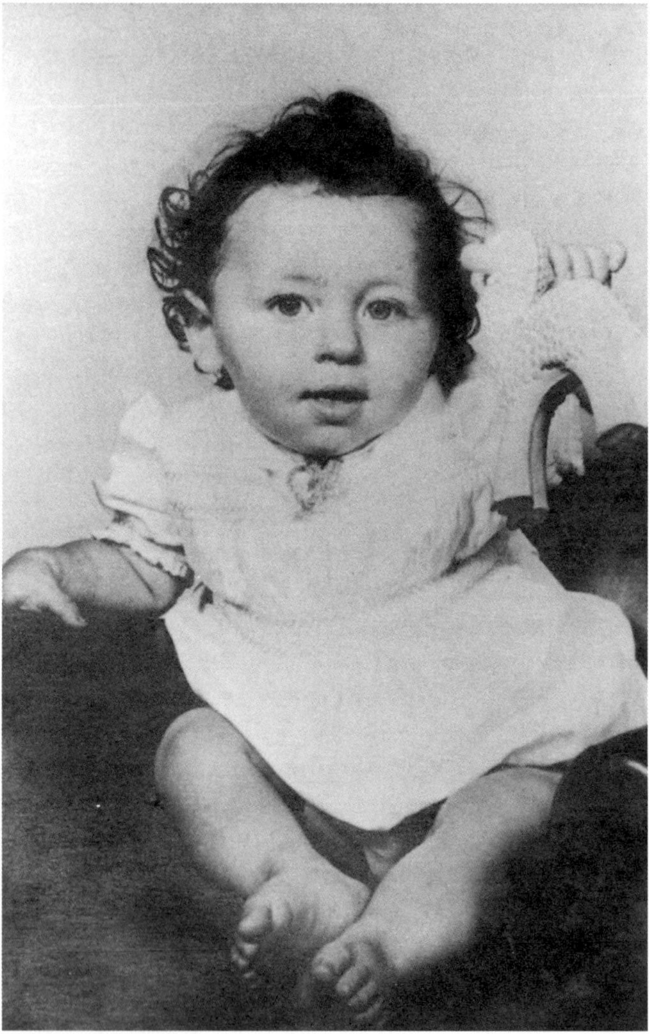

Eu, todo faceiro

Meu Brasil brasileiro I

Hoje sou grato aos meus avós por terem escolhido o Brasil. Estes tristes trópicos são tudo de bom! Graças à miscigenação e à grande presença de afrodescendentes, o país é vacinado contra delírios racistas radicais. O pequeno tamanho da comunidade judaica, só 120 mil pessoas no Brasil, dos quais 50 mil em São Paulo, faz com que esta não chegue a ser vista como ameaça potencial. O anti-semitismo é residual, pequeno no interior do Estado e com algum resquício entre quatrocentões empobrecidos. Me incomoda mais o anti-semitismo judeu, fenômeno muito presente entre membros da comunidade. É uma tentativa de equacionar a questão da identidade e do preconceito, como que se inoculando deste mesmo preconceito. Esse esforço em geral é feito por judeus enriquecidos "do Paulistano", numa tentativa de integração e incorporação à burguesia brasileira. É um esforço patético e inútil, como a história infelizmente comprovou, mas curiosamente bastante comum.

Istambul, Varsóvia, Paris... Campinas

Desde o fim da guerra, meus avós paternos pensavam em encontrar para a família um lugar que fosse mais distante em caso de novo conflito mundial que eles, erroneamente, julgavam iminente. Em 1950/51 foram para Havana, Cuba. Talvez porque meu avô apreciasse um bom charuto. Ficaram alguns meses por lá, mas finalmente acabaram optando pelo Brasil. Chegando ao país, em 52, Mizon abriu uma fábrica de macarrão em Campinas. Tenho algumas imagens em preto-e-branco dele, captadas com uma câmera bitola 9,5 mm que era do meu pai. Nelas se vê o velho fumando charuto na frente dessa fábrica. Essa bitola cinematográfica de 9,5 mm era muito usada na Europa nos anos 50 e tinha a curiosidade de ter uma única perfuração no centro, entre cada fotograma.

No começo dos anos 50 o clima da guerra fria era muito forte. Lendo Eric Hobsbawn, percebe-se a radicalização presente na época. Muita gente estava convencida de que a 3ª Guerra Mundial era não só inevitável, mas iminente. Meus avós, imagino, não queriam que enfrentássemos mais um conflito, pois tanto a família do meu pai quanto a de minha mãe sobreviveram à 2ª Guerra Mundial por muita sorte.

Durante a guerra, o governo colaboracionista francês, para mostrar serviço e por ordem dos ocupantes, adotou uma política de "arianização" de todas as empresas pertencentes a judeus, que foram tomadas à força e doadas a pessoas de "sangue bom." Ao término da guerra, boa parte desses bens e empresas foi devolvida aos sobreviventes. Com isso, meu avô conseguiu recuperar o Comptoir de Fourniture, seu armarinho. A loja crescia e ia bem no pós-guerra. Portanto, me parece que a migração para o Brasil foi simplesmente uma opção por um país mais tranqüilo, menos exposto.

Eles não foram imigrantes tradicionais chegando ao novo mundo com uma mão na frente e outra atrás, porém, meu avô não tinha muita vocação para indústria, era mais um comerciante e a fábrica de macarrão, que poderia ter sido um sucesso, não foi. Eles não conheciam nada do país e provavelmente tiveram dificuldade para se adaptar. Na verdade chegaram tarde, as indústrias alimentícias já tinham se consolidado nos anos 30. Depois do insucesso, surgiu uma segunda oportunidade em São Paulo, com a vinda da Rhodia para o Brasil. Essa empresa precisava de embalagens que não eram fabricadas aqui. Assim, meu avô se associou a uma pessoa que tinha o *know-how* para a fabricação de tambores de fibra. Em 1958 eles abriram a fábrica no início da Rodovia Anhangüera, onde está até hoje.

Em 1957, meu pai, que já estava aqui no Brasil, trouxe minha mãe, meu irmão e eu, definitivamente.

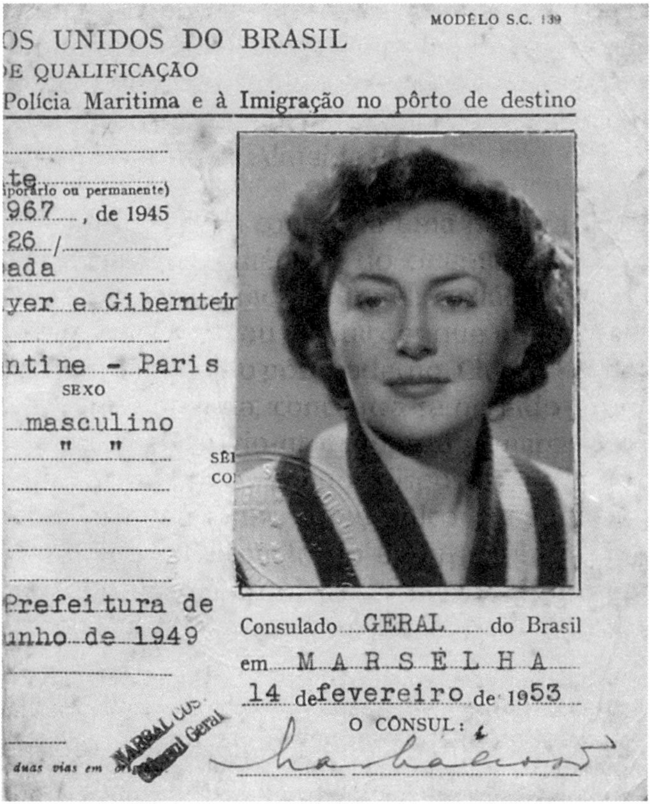

MODÊLO S.C. 139

)S UNIDOS DO BRASIL

)E QUALIFICAÇÃO

Polícia Maritima e à Imigração no pôrto de destino

te
(porário ou permanente)
967 , de 1945
26 /
ada
yer e Gibernteir
ntine - Paris
SEXO
masculino
" "
SÊ
CO
Prefeitura de
unho de 1949
duas vias em

Consulado GERAL do Brasil
em M A R S Ê L H A
14 de fevereiro de 1953
O CÔNSUL:

Fanny, minha mãe, em sua primeira vinda

Família em férias, em Juan les Pins na Riviera Francesa: eu, à direita, nadando no *short*

Primeira infância em Paris

Outro dia vi uma entrevista do Hermeto Pascoal em que ele, com toda seriedade, relembrava o dia de seu nascimento com uma riqueza de detalhes espantosa. Eu não, sei que vivi meus primeiros sete anos em Paris, mas não me lembro de quase nada desse período. Na casa de meus pais tinha um piano de cauda Steinway & Sons e eu brincava na cabana formada embaixo de sua longa capa.

Com seis anos fugi de casa. Peguei minha trouxa e falei que estava indo embora. Minha mãe não se deu por achada, respondendo: "Vai, casa não é cadeia!" Fui até o final do quarteirão e voltei. Outra das poucas lembranças é que eu comprava balas cuja embalagem era uma concha verdadeira. Os confeiteiros faziam as balas dentro das conchinhas do mar. Nunca mais vi isso. Certamente, um resquício ainda da penúria do pós-guerra. Quando viemos para o Brasil, lembro-me de uma brincadeira feita pelo capitão do navio. Embarcamos em Nice e minha mãe havia esquecido os passaportes em Paris. O oficial disse, brincando: "Nós vamos ter que jogá-los no mar!" Minhas lembranças de infância não são mais do que isso.

A cidade que mais crescia I

Em São Paulo, a primeira casa foi um apartamento! Rua Sebastião Pereira, centro, no 2º andar. Naquele tempo, o Largo do Arouche não era deteriorado. O prédio tinha no térreo um pequeno tanque para peixes, revestido de pastilhas vidrotil, que obviamente assume proporções gigantescas na minha memória. Eu girava de triciclo em torno dele.

Depois nos mudamos para o bairro do Planalto Paulista, Indianópolis, primeiro na Rua Ceci e depois na Avenida Itacira. O Planalto Paulista era urbanizado só parcialmente. Onde hoje passa a Avenida dos Bandeirantes, havia um enorme descampado cheio de pequenos morros e o córrego da Traição formava piscinas naturais. Por ali a molecada ia tomar banho e até mesmo invadir as pistas do aeroporto. Em São Paulo ainda havia muitos balões no inverno e pipas o ano inteiro. Uma vida de bairro bem animada. Bailinhos de garagem, guerra de mamonas etc.

Até os 8 anos de idade eu queria ser arquiteto, desenhava prédios e fazia projetinhos. Com 10 anos comecei a me interessar por cinema. Minha avó materna, que também veio pra cá, depois de anos como feirante em Volta Redonda, Rio de

Janeiro, abriu uma loja de móveis. Morei com ela por um tempo na Avenida Ibirapuera, vizinho ao hoje inexistente Cine Joá. Lá vi *Ben-Hur*, *Cleópatra* e outros épicos. O Joá era enorme, tela gigantesca. Comecei a ver muitos filmes e a colecionar livros de cinema. Assim que adquiri certa autonomia, pegava o ônibus Vila Guarani na Avenida Indianópolis e ia sozinho até o Mackenzie, onde estudava. Depois do ônibus, subia a escadaria da 9 de Julho, seguia pela Frei Caneca e depois Maria Antônia. Era uma caminhada razoável. No começo da escadaria, do lado direito, havia o Fotocineclube Bandeirantes, do falecido crítico Ademar Carvalhães. De tanto passar ali em frente acabei me interessando e freqüentando.

Cai o avião

Me marcou muito a queda de um avião a três quarteirões de casa. De 50 passageiros, apenas oito sobreviveram. Um deles, vim a saber depois, meu conhecido, o ator Renato Consorte. Cheguei aos escombros com a molecada e acho que vi pedaços de pessoas sendo colocados em umas tinas de madeira, coisas desse tipo. Atribuo a isso o motivo pelo qual não gosto de avião de jeito nenhum.

58

No centro, entre mãe e pai

Um péssimo aluno

Nessa época comecei a ter a minha primeira turma. Os amigos de adolescência: Gofredinho Silva Telles, filho da Ligia Fagundes, Felipe Macedo, que depois eu trouxe para o cinema, e Sérgio Fiker, entre outros. Também nesse tempo, começo a me interessar pela cultura brasileira. Fiz um esforço rápido de assimilação. Em casa, quando o meu pai não estava, falávamos português. O esquecimento de toda a primeira infância na França foi talvez fruto do esforço voluntarista de assimilação ao Brasil em caráter de urgência.

Durante um ano fui interno no Mackenzie. Eu era um aluno medíocre e meu irmão, excelente. Eu não conseguia aprender direito nem o francês nem o português. Até hoje sou praticamente analfabeto funcional em francês. Depois fui para o ginásio da mesma escola, onde minha competência musical me levou a tocar prato na banda do Mackenzie. Eu era péssimo aluno e o nível de ensino muito fraco. Eles valorizavam a parte esportiva: ginástica, halterofilismo, educação física. Fiz bastante. Quando o final do ginásio se aproximava e a perspectiva de ser reprovado se tornava iminente, minha mãe teve a brilhante idéia de me colocar num colégio mais fraco ainda, o Princesa Isabel, em Moema. Isso porque naquele tempo para entrar no colegial era necessário fazer o chamado Exame de Admissão. Como só por milagre eu passaria nesse exame e fatalmente perderia o ano, fui para o Princesa Isabel. Era um famoso colégio de carregação. Mesmo assim, eu estava prestes a ser reprovado, até mesmo no Princesa, e o que me salvou foi uma coleção completa da revista *Seleções* do Reader's Digest, com a qual presenteamos o professor de português. Resultado: entrei no colégio e voltei para o Mackenzie para fazer o clássico, o colegial. Continuei sendo um péssimo aluno. Não conseguia entender nada de Matemática, o que não significava ser bom em Humanas, longe disso.

Minha mãe sempre foi muito liberal. Minha casa era uma festa quando meu pai estava na França. A primeira maconha que eu e meus amigos fumamos foi em casa. Mas quando meu pai chegava, o tempo fechava. Voltávamos a falar francês e tudo ficava sério e compenetrado. Meu pai só me ensinou uma coisa: a dar nó em gravata. Mas hoje sei que, sutilmente, indiretamente, aprendi com ele uma coisa importante: ter amor próprio e acreditar em mim, características sem as quais não se é cineasta.

8, super-8 e 16 milímetros

Desde a pré-adolescência eu já tentava fazer cinema. Não sei com que idade tive minha primeira câmera. Meu pai, numa de suas incontáveis idas à França, me trouxe uma curiosa câmera 8 mm russa de marca Omo. Era uma câmera simples, que tinha a peculiaridade de abrigar dois filtros no punho. Era a época do 8 mm, bitola amadora popularizada em razoável quantidade no Brasil. O filme de 8 mm corresponde ao que hoje é a câmera de vídeo caseira. Meu pai teve uma câmera 9,5 mm. Tenho até hoje o projetor. Com ele vi vários desenhos animados e imagens da família que consegui recuperar, transferindo para 16 mm e agora para digital.

Apesar de ter optado por ser cineasta antes dos 10 anos, minha primeira experiência de realização foi aos 12 e 13 anos. O primeiro foi um curta-metragem cujo roteiro era sobre um encontro mundial de crianças, que iam tomar o poder, pois a Terra estava sendo muito mal gerida pelos adultos. Um amigo meu de cada nacionalidade representava cada um dos países. Transferi esse filme para DVD recentemente. É de uma ingenuidade e pretensão difíceis de suportar, se bem que o assunto continua atual. Felizmente na época não me dei conta, senão teria mudado de opção profissional. Depois fiz outro filme em 8 mm, cuja ação se passava em cima do monumento às Bandeiras, do Brecheret, no Parque do Ibirapuera. Esse era uma "superprodução." Diversos atores e atrizes, uma trama razoável e certos efeitos de linguagem visual e de montagem. Descobri com este "curta" que era capaz de contar uma estória por mais inverossímil e deslocada que fosse. Depois, seguiram várias tentativas de filmes em 16 mm, projetos abortados e inconclusos. Fiz, mais tarde, por sugestão da Helena Coutinho, um filminho com ela em 8 mm chamado *A sétima formiguinha*. Era uma formiguinha que ficava andando em cima do muro enquanto uma caixinha de música tocava. A câmera tinha uma lente macro e eu pirei, filmando aquela formiguinha. O Laerte Coutinho, cartunista, irmão da Helena, desenhou os letreiros.

A cidade que mais crescia II

Eu ia sempre aos cinemas do centro, comprava livros de técnica cinematográfica. Para revelar os filmes 8 mm, ia à Fotoptica e à Cinótica na Rua Marconi. Ficava namorando as câmeras 16 mm Paillar Bollex, objetos de desejo de onze entre dez pretendentes a cineastas.

Eu freqüentava muito o ParisBar, na Praça Dom José Gaspar, restaurante animado pela intelectualidade nos anos 50 e 60, isso com 14, 15 anos de idade. Fui *habitué* da Cinemateca Brasileira, no prédio dos Diários Associados, na Sete de Abril. Sempre me senti muito bem no centro, que era muito agradável. Na Cinemateca, assisti aos filmes russos e a outros clássicos. Era o sócio 285 da Sociedade Amigos da Cinemateca (SAC). Na mesma Sete de Abril, no Cine Coral, eram exibidos filmes "de arte", italianos, franceses, tchecos, entre outros. O centro de São Paulo tinha, e certamente ainda tem, muitos atrativos para um jovem atento.

Cursos e mais cursos

Me inscrevi no primeiro curso de cinema regular que tive notícia, o Curso Livre de Cinema da Fundação Armando Álvares Penteado. Eu tinha feito outros cursos avulsos, mas o da Faap era intensivo. Era na época um curso livre, mas a preparação para curso universitário. Quando acabei este, foi criado na Faculdade São Luís, na Avenida Paulista, um curso de cinema. O Padre Lopes, maluco por cinema, acabou abrindo essa escola. A Igreja Católica, no mundo inteiro, se interessou pelo cinema desde os anos 20/30, dada a sua importância e poder de comunicação, mas o Padre Lopes era um apaixonado, um visionário, e o curso foi uma boa idéia que infelizmente não prosperou. Creio que funcionou por dois ou três anos. Luís Sérgio Person e Paulo Emílio, entre outros, deram aula lá. Carlos Reichenbach foi aluno, um pouco antes de mim. Era um curso superior, mas talvez ainda não reconhecido.

Nessa época tentei organizar um Festival de Super-8, que não deu certo por falta de experiência. Havia em São Paulo o Festival do Paiol, cine-teatro na Rua Amaral Gurgel. Era o evento mais importante de curta-metragem de São Paulo, organizado por um cinéfilo e crítico chamado Abrão Berman.

O Rio de Janeiro

Descobrir o Rio de Janeiro foi uma das grandes alegrias que tive na adolescência. Era difícil digerir o fato de morar em São Paulo com o Rio de Janeiro piscando na outra ponta da Dutra.

Nacionalmente o Festival do Jornal do Brasil, JB no Rio, era o mais importante e acompanhava a politização do momento com a chamada "Geração Paissandu", nome do cinema em que o Festival acontecia. Fiquei fascinado pelo Rio de Janeiro, não perdia oportunidade de ir. Freqüentei o Beco das Garrafas, o Casarão, onde os artistas do

Fazendo pose no Largo do Machado, Rio

Brasil inteiro iam "dar com os costados" no meio e final dos anos 60.

Eu pegava o trem e chegava às 8 horas, ou o ônibus-leito e chegava às 6 horas da manhã, ia para o MAM, Museu de Arte Moderna, no Aterro, e freqüentemente dormia no gramado esperando o museu abrir. A Cinemateca era lá, e ainda é. Vi várias vezes três longas-metragens seguidos na excelente sala de projeção. Convivi e fiz amizade com o falecido Cosme Alves Neto, com o José Carlos Avellar, com o Goulart, excelente técnico de som e que cuidava do estúdio de som. Lá conheci o também já falecido Aluísio Leite. Figura simpaticíssima, que parecia o Orson Welles na sua fase mais gorda e que veio a produzir meu primeiro curta-metragem profissional.

Só a bailarina que não tem

Fim da década de 60, a política e a cultura no Brasil efervesciam. Havia uma polarização imbecil entre militância e "desbunde." A posição política do meu irmão, Daniel, teve uma importância grande para mim por suas conseqüências. Eu fui tropicalista, em 68 tinha 16 anos e, como em casa havia o exemplo do meu irmão, de militância e seriedade, fui o pólo oposto, o porra-louca, jargão da época com o qual os "engajados" definiam os "alienados" progressistas libertários e não-militantes.

O Daniel começou a militar muito cedo. Eu era mais jovem, mais artista e menos corajoso. Ele entrou aos poucos no movimento estudantil até o momento em que passou a andar armado. Ele era muito próximo do ex-ministro da Casa Civil, José Dirceu. O Daniel era um jovem brilhante. Admitido em quinto lugar na Faculdade de Direito do Largo São Francisco. Cursava Direito e Economia na USP, simultaneamente. Certamente para um jovem de 18/19 anos, imigrante, imaturo, a situação de risco, o sumiço de amigos, o risco de prisão e de tortura não eram muito fáceis de conviver. Em casa, apesar de progressistas, meus pais eram anticomunistas e o dogmatismo do Daniel era causa de permanente discussão que afligia muito minha mãe e só reforçavam o isolamento de meu irmão. A maturidade emocional não estando de par com o lado intelectual ou racional, a pressão ficou insustentável e ele, como saída para meses de estresse constante, surtou. Ele não resistiu, teve uma grave doença mental, comum em jovens adultos. Naquela época, a medicina não tinha os recursos de hoje, e meus pais não tinham a mínima noção do que era uma doença psiquiátrica. No auge da repressão em 1968, ele desmaiou na rua. Parece que já tinha desmaiado outra vez. Todos e principalmente ele foram surdos aos avisos que o organismo estava mandando e, num segundo desmaio, ele não recuperou a razão ao acordar, desenvolvendo o quadro típico persecutório e delirante da psicose maníaco-depressiva. Ele foi imediatamente internado. Por 30 dias, Daniel ficou numa clínica para doentes mentais tomando eletrochoques e insulina. Quando saiu, meus pais temendo que ele fosse preso, o esconderam na casa de um amigo, que depois seria meu padrasto. Lembro-me bem e com muita tristeza do quarto na casa da Rua Ceci, desse amigo de meus pais, meu irmão na cama, desperto, com uma frenética excitação mental, típica da doença, tentando provar à minha mãe que estava lúcido e funcionando regularmente. Ele pedia à mãe que dissesse o nome de países e ele dava o nome da capital.

O sofrimento dele era evidente, tentando provar a si mesmo que a cabeça estava boa. O desamparo dele e a tristeza de minha mãe tentando acalmá-lo são uma lembrança que ainda hoje me é difícil suportar. Essa sensação de impotência diante de uma situação patética que viria a enfrentar várias vezes na vida a cada crise do Daniel me marcou muito. Evidentemente isso culpabilizou meus pais, complicou seu já combalido casamento e desestruturou a família. Em 1969 meus pais conseguiram um jeito de mandá-lo para a França, onde ficou três anos internado numa clínica. Evidentemente o que aconteceu com meu irmão me traumatizou. Só iniciei uma militância política alguns anos depois, já na faculdade. O Daniel era um paciente rebelde, não gostava de tomar as medicações que preveniam o surto, o que resultava em vários episódios. Durante muito tempo, ele surtava em média uma vez a cada dois anos, dando muito trabalho. Era camisa-de-força, dopá-lo e dez dias depois ele voltava à superfície, como se nada tivesse ocorrido. Para ele, parecia que nada tinha acontecido. Para minha mãe, eu e depois sua família, era um inferno. Eu levava dias para me recuperar da tensão de cada episódio. Foi um desgaste tão grande que, somado a questões financeiras, chegou um momento em que minha mãe preferiu voltar para a França, mas isso só nos anos 90.

Família tão fina que quebrou toda!

No final dos anos 60, em meio aos problemas do meu irmão, meus pais se separaram. Imagino que não deva ter sido nada fácil para eles administrarem uma loja em Paris, uma fábrica no Brasil, um filho com problemas psicológicos e outro adolescente. Quando a situação ficou insustentável entre eles, meu pai voltou para a França e minha mãe ficou aqui. De repente, com 16 anos, a minha vida muda completamente.

Entre Rogério Duprat, Caetano, os Made in Brazil e Dedé, os *hippies,* na revista *Intervalo*

A cerejinha deu bolo

Eu tentava por todos os meios me profissionalizar, corria atrás das oportunidades e acabei conhecendo o Walter Hugo Khouri. Nessa época, em 1967, ele era um realizador muito ativo, respeitado e em oposição ideológica à turma do Cinema Novo. Apesar de minhas simpatias para o Cinema Novo, eu não poderia perder a chance de trabalhar num "longa." O Khouri me achava engraçado por eu ser parecido com a personagem da revista *Mad*, o Alfred E. Newman. O Khouri, então, me apresentava, dizendo: "Esse aqui não é a cara do Mad?" De fato eu era parecido por causa do rosto triangular, do pouco queixo e dos olhos azuis. Mas o Khouri era uma pessoa doce, de trato suave, tinha começado em 1958 com o filme Garganta Profunda, hoje desaparecido, e exercia sua profissão com competência, apesar de tratar de temas psicologizantes e rebarbativos. Ele morava num prédio clássico da Rua Martins Fontes. Me propus como continuísta, pois me parecia fácil, eu desenhava um pouco e tinha estudado umas apostilas de continuidade do Idhec (Instituto de Altos Estudos Cinematográficos da França). O Khouri me convidou para ir à sua casa e me desafiou: "Alain, você vai fazer uma planta baixa da minha sala com todos os objetos." Eu lia bastante sobre cinema, enfim, isso não tinha segredo para mim, gostava de desenho, porém sempre fui um desenhista medíocre. Mas gostava de arquitetura, era observador, e fazer uma planta baixa de móveis numa sala e dos objetos em si foi fácil. Então, ele me aceitou como continuísta de *As amorosas*. A emoção e a alegria de ter conseguido o emprego foram enormes. Na filmagem eu prestava atenção em tudo e em todos, equipamentos e pessoas. Vale lembrar que não havia na época câmera de vídeo e muito menos vídeoassist, que é o que permite hoje ter controle imediato e contínuo das imagens registradas. Hoje, o trabalho do continuísta é muito facilitado por estes recursos. Na época, só havia a câmera Polaroid e o bloco de anotações. A função de continuísta é das mais importantes e eu não teria coragem de aceitar hoje em minha equipe um ou uma jovem inexperiente.

Rodamos *As amorosas* numa casa no Morumbi. Muitos anos depois descobri que se tratava da casa da Edla Van Steen e do Sábato Magaldi. O Khouri sempre gostou de fazer filmes em casas ricas, em grandes locações. Começamos a filmar, no elenco: Paulo José e Aneci Rocha, irmã do Glauber Rocha, que morreu tragicamente, caindo num poço de elevador. Uma vedete da época, Jaqueline Mirna, da qual nunca mais ouvi falar. A fotografia era do Antonio Meliante, a produção executiva do William Khouri. E, de fato, ele me "executou."

Havia uma cerejinha no meio do caminho. Trabalhei quatro semanas e fui mandado embora por causa de meio refrigerante. O William, irmão e produtor do Walter, me surpreendeu derramando no gramado do jardim da casa meia garrafa de Cerejinha. A Cerejinha era um refrigerante bem saboroso, com uma garrafa bojuda cuja fabricação foi até o início dos anos 70. Hoje repousa no paraíso dos refrigerantes ao lado da Seven-up e do guaraná caçulinha da Antarctica. Era pausa para o almoço, dia de calor, eu já tinha comido e tomado um refrigerante, mas, com sede, peguei um segundo que tomei até a metade, ou dois terços... Eu não queria recolocar a garrafa meio cheia no engradado e achei mais apropriado recolocá-la vazia. Não me ocorreu procurar um tanque para esvaziá-la. Nisso, surge o William que, totalmente histérico, me manda embora.

O Khouri não segurou minha onda. Chorei, fui para casa deprimido, tinha 16 anos, meu mundo tinha caído. Não sei se meu trabalho estava à altura, acredito que estava desempenhando mais ou menos e que o William, na loucura de fazer uma administração de longa, precisava reduzir a equipe. Ou então foi uma fúria de momento e eu estava na hora errada em sua frente, enfim, foi um "bode."

Não fui assistente do Sganzerla

De minha militância tropicalista tinha ficado evidentemente uma admiração pelo Caetano e pelo Gilberto Gil, por intermédio do qual fiquei sabendo de um projeto de longa-metragem do Rogério Sganzerla que teria o Caetano e o Gil no elenco. Trabalhei no sentido de me aproximar do Rogério, que me aceitou como seu assistente de direção. Eu orbitava na periferia da periferia da "corte" dos tropicalistas em São Paulo, freqüentando eventualmente os apartamentos em que moravam na Avenida São Luís, o Gil, o Caetano e a Gal. Mas, pela minha formação exclusivamente cinematográfica, o Sganzerla topou me dar a grande e rara oportunidade de ser seu assistente no filme que faria logo depois de *O bandido da luz vermelha*, o que significava para mim uma segunda oportunidade de profissionalização e isso com um diretor muito mais moderno e interessante que o Khoury. Era o projeto A Índia Vampira ou A Índia Antropofágica, algo assim. Tivemos umas poucas reuniões, mas era 68 e logo Caetano e Gil seriam presos. Evidentemente, o filme não foi feito.

Paranóia, o filme

Também fui mandado embora da equipe de *Paranóia*, em que fiz assistência de direção do Antônio Calmon. O filme era produzido pelo pessoal do circuito Hawai. Graças à lei de obrigatoriedade, que constrangia o exibidor a programar 130 dias de cinema brasileiro, era interessante para os proprietários dos cinemas investir em filmes nacionais com potencial de público. Foi a fase da comédia erótica, denominação mais apropriada que a de pornochanchada, que de pornô e de chanchada não tinha nada. Quanto ao *Paranóia*, tratava-se de um argumento do próprio Calmon, se não me engano, e direção dele também. Com Anselmo Duarte, Norma Bengel e foi também o primeiro longa da Lucélia Santos, que tinha 16, 17 anos. Era a história de uns bandidos que invadiam uma casa burguesa e tripudiavam com a família, isso com o viés *fashion* do Calmon.

A filmagem era numa casa totalmente *nouveau-riche*, num estilo falso moderno. O Clodovil respondia pelo figurino e tinha sido intermediário para conseguir aquela casa. Dessa vez, fui mandado embora pelo próprio Calmon, e com razão. Eu estava enchendo o saco dele demais porque achava tudo uma bosta, os diálogos, a cenografia... Era uma postura pretensiosa e provavelmente fruto do desconforto de não ter feito o filme com o Sganzerla. Chegou uma hora que o Calmon resolveu: "vamos tirar esse francês pentelho, que ele está enchendo o saco." Isa Castro, minha colega de ECA, acabou fazendo o resto da assistência de direção do filme.

Na Cinemateca Brasileira

Eu freqüentava a casa do Paulo Emílio Salles Gomes, na Rua Sabará, que para mim era casa do Gofredo, meu amigo, e a Sociedade Amigos da Cinemateca, nada mais natural do que trabalhar como voluntário na Cinemateca.

Durante dois anos ou um pouco mais fui estagiário não-remunerado. Na época a Cinemateca estava totalmente abandonada. Ela "não" funcionava num casarão do Ibirapuera, cheio de goteiras, caindo aos pedaços, e a única pessoa que ainda ia lá, além do Seu Aluísio, vigia cedido pela prefeitura, era a estudiosa de cinema Lucila Bernardet, ex-mulher de Jean-Claude Bernardet. A Cinemateca se abrigava num conjunto de cinco unidades, o casarão e quatro pequenos depósitos de filmes. O casarão era uma grande casa retangular térrea. A entrada era o único cômodo que tentava manter uma aparência de vetusta normalidade, mas não conseguia. Um conjunto velho de sofás de couro verde e alguns projetores antigos. As divisórias internas anos 40 e os móveis empoeirados davam ao conjunto um ar de repartição pública abandonada, mas repleta de coisas. De fato, o material que havia faria a alegria de qualquer cinéfilo. Uma biblioteca que fazia as vezes de museu com uma coleção razoável de lindas lanternas mágicas e aparelhos ópticos vários. Salas com acervo de 16 mm, salas com caixas e mais caixas de fotos e cartazes. Os filmes em acetato ficavam numa sala no fundo em prateleiras empoeiradas. Tudo absolutamente precário. Quando chovia, uma das ocupações era tentar distribuir convenientemente latas e baldes embaixo das goteiras. Mas não era o caos, era depois do caos. A distância da rua e as dimensões do prédio davam um plácido ar de casa de fazenda parada no tempo e abandonada.

Como voluntário, eu fazia tudo que pudesse ser feito e que não implicasse em custo. Ajudava na manutenção do acervo, tentava evitar o que seria um terceiro incêndio. Houve dois incêndios na Cinemateca, um na primeira sede na Rua 7 de Abril, e outro já no Ibirapuera. Na época, Paulo Emílio ficara abalado por perder clássicos internacionais, mas a grande perda dos incêndios foi o acervo nacional, como se deu conta mais tarde.

Comecei fazendo o levantamento do estado dos filmes de um dos quartinhos que ficava em meio aos eucaliptos. A idéia tinha sido dividir o acervo de modo que, caso pegasse fogo, só um quarto do acervo seria perdido, eram 4 quartinhos. Os filmes em preto-e-branco eram feitos com suporte de nitrato que é altamente inflamável e pode entrar em autocombustão. Felizmente, no meu período não houve incêndio.

Para a Cinemateca fui trazendo um pequeno grupo de amigos como voluntários. Resolvemos dinamizar o pequeno acervo de 16 mm fazendo difusão. Era a época do cineclubismo em película, antes do vídeo e do DVD, um meio de fazer trabalho de base em comunidades, de mobilização popular. Também criei uma pequena revista mimeografada, "Cinemateca", que resistiu quatro números e depois teve uma sobrevida em outro formato com mais um número, sob a orientação do Sérgio D'Avila, colega da ECA. Fiz um pouco de prospecção, isto é, procurar filmes antigos, que é uma atividade muito agradável para um cinéfilo.

A turma da Cinemateca: Sr. Aluísio (de pe, à esquerda) Agachados: Raquel Gerber (segunda, da esquerda para direita) e, na seqüência Lucila Ribeiro Bernardet, Alex Yared, Felipe Macedo e eu

Cacá Rosset estava entre as pessoas que eu trouxe para a Cinemateca e trabalharam um pouco comigo. Com ele fui para o interior da França buscar uma parte da biblioteca do Paulo Emílio, que tinha ficado na Europa. Pouquíssima gente aparecia na Cinemateca. A primeira geração de jovens conservadores formada por Carlos Augusto Calil, Silvia Bahiense, Carlos Roberto de Souza, entre outros, já não estava em idade de trabalhar de graça e eles não apareciam nunca. Nessa época conheci o "presidente" Francisco Luís de Almeida Salles. Ex-crítico do Estado de São Paulo e um dos responsáveis, juntamente com Rudá de Andrade, pela criação da Cinemateca. O "presidente" despachava no Pep´s, um bar sofisticado e bem freqüentado na época em que a Galeria Metrópole e todo o entorno da Biblioteca Municipal eram chiques.

Eu trouxe também para a Cinemateca e para o cinema um amigo de adolescência, Felipe Macedo, que depois viria a ter importância na organização do movimento cineclubista nacional.

Ainda na Cinemateca, organizei uma exposição de cartazes de filmes brasileiros no Museu de Arte Contemporânea. Demos visibilidade a essa parte do acervo, interessante e fácil de expor para denunciar o abandono da Cinemateca pelo governo e pelas autoridades competentes.

Mais tarde, fiz meu primeiro curta-metragem profissional sobre a Cinemateca. O tempo passou e de repente alguma perspectiva de verba para a Cinemateca estava à vista. Nada mais natural que a geração anterior, que já tinha formação técnica, pretendesse reassumir suas responsabilidades. Fui discretamente "caroneado", sendo nomeado para o Conselho da Cinemateca. Tenho orgulho de ter sido, acredito, o mais jovem conselheiro da Cinemateca e uma discreta mágoa de não ter sido chamado para conversar sobre o processo, mas sim visto como invasor, não sendo depois reconduzido ao Conselho e definitivamente afastado. Independente disso, ficou um profundo amor pela Cinemateca e depois a alegria de ver, nos anos 80 e 90, o encaminhamento de soluções sólidas e estruturais para essa instituição, que é única no Brasil e depositária de acervo de imagens preciosas e de nossos filmes.

A Blimp Filmes

Saindo da Cinemateca, continuei tentando me profissionalizar. Na época, a maior produtora era a Blimp Filmes, com mais de cem funcionários. O proprietário principal era Guga de Oliveira, irmão do Boni, já bastante poderoso na TV Globo. Entre outras coisas, a Blimp fazia o Globo Repórter, que se chamava Globo Shell Especial. A produtora funcionava num enorme casarão no Bexiga, quase Avenida Paulista, na Joaquim Eugênio de Lima, e um grande grupo de realizadores trabalhava lá, alguns como fixo outros *free-lancer*. Trabalhavam, entre outros, Hermano Penna, Goulart de Andrade, Mário Masetti, que eu já conhecia, Maurice Capovilla, Marcos Matraga e Jorge Bodansky como diretores. O fotógrafo Walter Carvalho, o paulista, não confundir com o carioca/paraibano, era sócio do Guga. O montador da casa, Laércio "Cabaré", foi um dos meus mestres de moviola. O ambiente era agradável e como eu era fã de carteirinha do Eisenstein e acreditava que cinema era montagem, dei um jeito de entrar na montagem e, começando por baixo, fui ser assistente de montador de negativo. Algo como o cocô do cavalo do bandido. O Celsinho me aceitou como seu assistente. Celso dos Santos era o chefe do departamento de montagem de negativo, trabalho exclusivamente técnico, mas de importância vital. Antes do advento da edição digital, a primeira cópia positiva do material filmado, chamada de copião, era o material de montagem, manipulado e remanipulado até a configuração final do filme. Feito isso e definida a edição de som, o copião montado seguia para a montagem de negativo. Ali, a partir dos números de borda, pequenos números na área entre a perfuração e o limite externo da película, o montador de negativo sincronizava o plano do copião com o plano correspondente do negativo e ia reproduzindo no negativo a montagem efetuada no copião. Hoje isso ainda é feito, mas a partir de lista obtida na edição digital. Na Blimp, os documentários eram rodados em 16 mm e ao manipular o negativo do filme estava-se manipulando a matriz única. Por isso, trabalhava-se de avental e luvas brancas. O Celsinho é um mestre na função e evidentemente fazia todo o acompanhamento nos laboratórios. Era o que hoje chamamos de finalizador. Com ele trabalhava um jovem negro muito bem-humorado, Dorival Chagas, o "Sombra." Lembro com alegria do clima de trabalho que havia da porta para dentro do departamento de montagem de negativo da Blimp. Depois passei a ser assistente do Laércio "Cabaré" ou "Cabinha", na montagem propriamente dita.

A montagem aqui referida corresponde a atual edição, fase fundamental e criativa da realização de um filme.

O Cabinha, na época, já era "puta velha", conhecia todas as "manhas" do *metier*. Era tranqüilo, tinha, e ainda deve ter, o bom humor do cidadão que trabalha com as mãos, é dono de seu ritmo e seguro de seu ofício. Aliás, a atividade de montador tem um caráter absolutamente artesanal e medieval no sentido de que há coisas que só se aprende na prática e no desenvolvimento da relação mestre-aprendiz. O Laércio suportou bem o "ET" pentelho que eu certamente era, como todo bom estagiário. Lembro de meu espanto no dia em que tivemos de abandonar a sala da moviola, pois a mãe do Guga estava fazendo uma visita à empresa, incensando todas as salas com um incensório de coroinha e defumando, drástica e vigorosamente, o ambiente. Medida, talvez radical, contra a inveja ou a má sorte.

Como a empresa era grande, o meu contato com o Guga era mínimo, pode-se dizer inexistente. E qual não foi sua surpresa ao recebermos os dois, das mãos do falecido governador Paulo Egídio, o também falecido Prêmio Governador do Estado. Ele como melhor diretor de longa documentário e eu como melhor filme de curta documentário com "Nitrato", o documentário sobre a Cinemateca.

Como sempre, quem faz comercial quer fazer longa-metragem, e na Blimp o desejo de produção de longa pairava no ar. Em certo momento, as circunstâncias de financiamento da Embrafilme permitiram e a Blimp desenvolveu um projeto de três longas-metragens. O primeiro sob a direção de José Anchieta, cenógrafo e diretor, foi *A hora dos ruminantes*, baseado no livro de George Orwell. O filme ficou inacabado. *Sargento Getúlio*, o excelente filme do Hermano Penna, também surgiu daí, e o longa do Denoy de Oliveira, *O encalhe*, que foi lançado com o nome de *Sete dias de agonia*. A piada de mau gosto que corria é que, com o nome *O encalhe*, nunca seria lançado, já com o nome de *Sete dias de agonia*, ficaria uma semana em cartaz. Foi minha única experiência como ator em cinema. As filmagens aconteceram na mata atlântica, na interligação Anchieta-Imigrantes. Era a estória de um encalhe numa estrada de terra num lugar qualquer do interior do Brasil, vários dias, vários caminhões e veículos imobilizados. O desespero crescente da população isolada. Por falar em desespero, o orçamento era mínimo, a "quentinha" chegava fria e a umidade, neblina e frio eram intensos. Mas Denoy fazia o trabalho com entusiasmo e com o grande coração que tinha, todos agüentavam bem aquele *set*. Gostei de interpretar, apesar de minha personagem ser um pouco esquemática. Infelizmente, foi meu único filme como ator profissional, pelo menos até agora...

Helena e a Vila Madalena

Em 1969, resolvi morar sozinho e aluguei um quarto de uma casa de família na Vila Madalena. Creio que na Aspicuelta. Foi um inverno rigoroso e eu dormia coberto por um casacão de pele de carneiro, igual ao que o Caetano Veloso usou na capa de um de seus discos. Inverno difícil de separação da paixão de adolescente, Helena Coutinho. Uma menina pequena, de inteligência viva e com um estilo próprio de se vestir, uma espécie de pré-grunge. Eu a adorava e me sentia muito acolhido na grande casa do professor Coutinho, geólogo prestigiado, de sua mulher Lila e do Laerte, que já era um grande desenhista. Sofri grande dor-de-cotovelo quando a Helena me trocou pelo João Santana, jornalista baiano que viria a ser ministro do ex-presidente Collor de Mello e marqueteiro do Lula.

A Lena, como eu e seus amigos a chamávamos, para não desmerecer sua vocação de colecionar "figuras", acompanhou os últimos anos e a decadência do Raul Seixas como sua mulher.

Em 70 foi o ano do cursinho Equipe e da euforia de ver o nome aprovado na listinha do vestibular, pois a ECA curiosamente era e ainda é muito concorrida.

A ECA

A Escola de Comunicação e Artes foi instituída em 67/68 no corpo de uma "reforma" e "modernização" da universidade brasileira. Foi parte da tentativa de controlar esta área bastante problemática para a ditadura. Quando entrei, a escola já estava totalmente implantada e havia três ou quatro turmas anteriores à minha. Nas primeiras turmas da ECA, gente da maior qualidade, Carlos Augusto Calil, Walter Rogério, Chico Botelho, Aluísio Raulino, Guilherme Lisboa e Ismail Xavier, entre muitos outros. Do lado docente, a ECA beneficiou-se da destruição moral e pedagógica da Universidade de Brasília, orquestrada pelo governo. De lá vieram, com certeza, Jean-Claude Bernardet e Paulo Emílio Salles Gomes.

Em torno do carisma tranqüilo do Paulo Emílio, um pequeno grupo de professores composto por Maria Rita Galvão, Ismail Xavier e Carlos Roberto de Souza criava um excelente ambiente de ensino e pesquisa, sem a afetação pentelha que às vezes é comum no ambiente acadêmico. Evidentemente eu e meus colegas não estávamos habilitados a perceber corretamente a sorte que tivemos em contar com esse grupo de professores, isso nos parecia natural. Nas matérias técnicas, os professores eram corretos. O curso padecia de um problema estrutural gravíssimo:

dois anos básicos em comunicação antes da opção por cinema. Esses dois anos eram ridículos, com teoria da comunicação e outras bobagens. Isso só reforçava nossa vontade de não fazer nada, ficar fumando maconha (pouca no meu caso), sentados no gramado em frente ao prédio.

Para a recepção aos calouros de 1971, o Bichusp, foi organizado um espetáculo que deveria acontecer na FAU. O Laerte e eu compusemos uma música, ele a tocaria ao piano, e eu estava preparado para cantá-la para mais de mil estudantes reunidos no prédio. Poucos minutos antes do *show* o Exército e a Polícia invadiram a USP, cercaram o prédio proibindo a realização do evento. Certamente, alguém informou que eu iria cantar, não sei quem. Em todo caso, as providências que cabiam foram tomadas. O fato é que eu atuava em várias frentes. Gostava de artes plásticas, de teatro, enfim, de arte e movimento. No primeiro ano do curso entrei para o Teatro Novo, grupo animado pelo crítico Edélcio Mostaço, com o qual fomos para Ouro Preto no Festival de Inverno apresentar nosso espetáculo. Só me lembro da cena em que o elenco todo, de quatro, gritava: "dã... dã... dã..." Nessa viagem iniciei meu relacionamento com Glória Maria Motta Lara, que foi minha companheira durante quase toda a faculdade.

O pêndulo, Doces e salgados, Nitrato

Na ECA fiz alguns filmes. Curricularmente, a partir do 3º ano havia na Escola de Comunicação equipamento e película que permitiam a realização de pequenos filmes pelos alunos. Claro que a realização ou não de um curta dependia da vontade e obstinação do aluno. Meu primeiro trabalho nesse formato foi *O pêndulo*. Um homem solitário se suicida numa casa. Esse filme evidentemente é reflexo do amargo momento em que eu vivia, tanto do ponto de vista familiar quanto da situação política de censura. Isso traduzido em um universo niilista de uma personagem imobilizada. As imagens foram captadas em Campos do Jordão, na casa da colega de turma Gisele Gubernikov. Cacá Rosset interpretou o "Marcelo." O filme tem uns experimentos de câmera e decupagem, mas é totalmente psicológico. Concluo o filme com uma frase do Brecht: "Do rio diz-se que é violento, mas ninguém diz violentas as margens que o oprimem." Frase que usei para dar um sentido mais amplo ao filme... uma bobagem, mas curiosa. Por ser personalíssimo e nem um pouco sociológico, está mais para o exercício e não teve nenhuma repercussão. Claramente falando, ninguém gostou, a não ser o Paulo Emílio que o considerou curioso e sinistro, prova de que a generosidade era dimensão essencial de seu critério analítico.

Depois fiz *Doces e salgados*, alusão às receitas culinárias que o *Jornal da Tarde* publicava no lugar das matérias que eram censuradas pelo governo. Todo mundo sabia que quando saia receita no jornal ou poemas de Camões no *Estado de S. Paulo* era sinal de que alguma coisa tinha sido censurada. O título das matérias era sempre Doces e salgados. Resolvi então fazer um curta sobre o seqüestro de uma mulher que toma conta de uma criança excepcional. No papel da criança, minha prima Deborah, então com 15 anos, vítima de lesão cerebral profunda. O fato de usar esta menina e uni-la à questão dos desaparecidos políticos da época é a repetição da dualidade também presente em *O pêndulo*. A mistura de questões da atualidade política e ansiedades pessoais de jovem adulto. O filme não tem diálogos. Convidei Ester Goes para o papel. O enredo: ela está cuidando da criança e chega uma ambulância de onde, em vez de descerem médicos ou enfermeiros, surgem policiais à paisana que a seqüestram. O letreiro "Doces e salgados" fechava o sentido do filme.

A ECA mandou esse filme para um festival de cinema universitário em Fortaleza. Lá ele foi apreendido pela Polícia Federal e nunca mais devolveram a cópia. Por sorte ainda havia o negativo na ECA. Mais que a apreensão, me incomodou o fato de a ECA abolir, numa atitude totalmente incompreensível, *Doces e salgados* da memória dos filmes lá produzidos. O filme foi "apagado", não consta do arquivo de filmes produzidos pelos alunos. Tanto *O pêndulo* quanto *Doces e salgados* não são grandes filmes. Ambos procuravam dar conta de dois universos simultaneamente, o pessoal e o engajamento político necessário do momento. Essa dualidade é difícil de administrar quando feita conscientemente, que dirá quando fruto de pulsões e ansiedades não percebidas com clareza. Esse tipo de equívoco é muito comum em primeiros filmes. Só os excelentes diretores conseguem priorizar exclusivamente obsessões pessoais

Filmando *Doces e salgados*

ou deixar suas inquietações individuais de fora e ir fundo no social. Qualquer um desses caminhos pode resultar em grandes filmes. A fusão não é impossível, tem enorme potencial, mas é muito difícil de ser gerenciada com eficiência. Para mim esses filmes serviram para percorrer o caminho da realização, da idéia à projeção pública do filme acabado. Percurso que sigo repetindo até hoje.

O documentário *Nitrato* foi feito a partir do conhecimento que eu tinha da Cinemateca. Fotografado pelo Pedro Farkas em 16 mm, foi o primeiro filme que fizemos juntos. *Nitrato* denunciava o abandono da Cinemateca. O material foi ampliado para 35 mm. No filme fiz uma entrevista com o Paulo Emílio, posteriormente utilizada e reutilizada em inúmeros documentários e programas de televisão. *Nitrato*, como já disse, foi premiado e fica como registro do que era a Cinemateca nos anos de chumbo. Eu já conhecia o Pedro desde os 16, 17 anos e freqüentava a bela casa do Pacaembu em que, no subsolo, seu pai, Thomas Farkas, empresário e fotógrafo, mantinha sua produtora e seus equipamentos. Lá trabalharam Sérgio Muniz, Geraldo Sarno e outros documentaristas que no final dos 60 e início dos 70, sob a liderança do Thomas, mapearam a cultura nordestina num interessante conjunto de documentários.

A vida na ECA era muito agradável, passávamos horas e horas no gramado evitando as aulas mais deprimentes. O Centro Acadêmico Lupe Cotrim era animado, disputado e de esquerda, claro. Eu era agitador, fazia de tudo. Reclamava, movimentava, fazia política estudantil. Me liguei ao grupo do Augusto Nunes, filho de um ex- prefeito de Taquaritinga. Augusto, hoje vice-presidente do *Jornal do Brasil*, é um jornalista competente. Ele tinha estudado no Rio de Janeiro e estava em São Paulo por motivos políticos, acredito. Uma pessoa de carisma e liderança, além de excelente profissional.

Duas alas disputavam o Centro Acadêmico, a do Augusto que era uma mistura da facção Liberdade e Luta, a "Libelu", com outras tendências, e a do Sérgio Gomes, também jornalista, fundador do grupo de imprensa de apoio aos sindicatos Oboré, ligada ao tradicional Partido Comunista Brasileiro. Eu, pela minha formação anarcossocializante, nunca me senti à vontade dentro da camisa-de-força do partidão, me tornei uma liderança secundaríssima no grupo do Augusto Nunes. Com Wagner Carvalho, que depois seria meu sócio na Tatu Filmes, fizemos panfletagens na rua e outras pequenas tarefas políticas, mas o forte do movimento estudantil já tinha passado. 71 e 72 foram anos da mais profunda depressão e de total refluxo. Um corte profundo tinha sido estabelecido entre a geração do meu irmão, que em parte optou pela clandestinidade, pela luta armada, e a minha, que já chegava depois disso. Eu tive o trauma da doença do meu irmão, não tinha nem coragem nem convicção para aprofundar uma militância que, na época, já se intuía, era fadada ao fracasso. Apesar de sempre gostar de "cutucar onça com vara curta", eu estava suficientemente tomado pelo cinema e pela condição de artista, para manter minha militância no nível das idéias e no âmbito da faculdade.

Uma das grandes qualidades da ECA é a de abrigar vários cursos, música, teatro, artes plásticas, etc... A convivência com os colegas de outras áreas é muito positiva. Organizamos uma exposição de artes plásticas na qual me recordo de obras minhas e do Sérgio Bianchi.

O grande ator que o mundo perdeu

Na ECA, como ator, além da presença no Grupo Teatro Novo, fiz também *A semente* do Gianfrancesco Guarnieri, participando dos primórdios do que viria a se tornar o Grupo Ornitorrinco. Cacá Rosset estudava direção de teatro e já era o brilhante e inspirado artista que é hoje. Ele conhecia Maria Alice Vergueiro desde a Escola de Aplicação e ambos iniciaram a realização de alguns espetáculos. O *Cabaret da rainha louca* foi o primeiro, se não me engano. Era uma peça planejada para dois ou três dias de apresentação e foi realizada num galpão no bairro da Previdência. Eu interpretava um garçom. Interpretava talvez não fosse o termo apropriado, mas me defendia e aquilo foi um sucesso como praticamente tudo que o Cacá dirige.

Depois, fizemos *Lux in Tenebris* no palco da Escola de Arte Dramática, peça curta do Bertold Brecht, na qual eu era o padre Benkler, e *O elefantinho*. Cada espetáculo do Cacá era grande evento na ECA, fazendo um sucesso considerável. O Cacá gostava do meu trabalho e lembro com satisfação do prazer que dá a função de ator, apesar da falta de prática que tenho para decorar textos longos. O auge de minha carreira como ator foi um fiasco que proporcionei aos meus colegas na

O elefantinho, o próprio

primeira e única peça profissional em que atuei, *Tambores na noite*, também do Brecht, direção do Mário Masetti, no Teatro Lira Paulistana. O Lira era um grande porão na Teodoro Sampaio e foi um espaço de renovação da música paulistana. O teatro dava frente para a Teodoro e fundos, muitos metros abaixo, para um beco, com o acesso por onde os atores entravam.

Certo dia, numa das apresentações, me confundi com o horário de verão, e cheguei para fazer a peça com mais de uma hora de atraso.

Cacá Rosset e eu, no canto aparece Van Fresnot

Estava passeando de mobilete, não tinha relógio e achei que ainda era cedo, passei uma das maiores vergonhas da minha vida.

Chego ao teatro, todo mundo olhando pra minha cara, Cláudio Mamberti, Edith Siqueira, Chiquinho Brandão, Cacá Rosset. Eu sem entender o que estava acontecendo, mais de 160 pessoas tinham vindo ver a peça, esperado e ido embora.

Associação Brasileira de Documentaristas

Durante a I Jornada Nordestina de Curta-Metragem, em Salvador, propôs-se a fundação da Associação Brasileira de Documentaristas. A idéia da Associação já existia anteriormente e baseava-se na existência da A.I.D (Associação Internacional dos Documentaristas), com sede em Genebra e filiada à Unesco. A A.I.D. sempre solicitou de cineastas brasileiros a fundação de uma associação brasileira, a exemplo de outros países. Essa associação foi constituída definitivamente no Rio de Janeiro, à época do Festival JB/73. Logo após a fundação da ABD no Rio de Janeiro, fez-se o mesmo em São Paulo, escolhendo-se uma diretoria paulista composta de três membros: Thomas Farkas, Aloísio Raulino e Alain Fresnot.

A Associação Brasileira de Documentaristas terá como finalidades:

1) Reunir todos os cineastas e entidades brasileiras ligadas ao movimento do filme documentário de curta e média-metragem cultural e de arte;

2) Defender e estimular o cinema de curta e média-metragem através das seguintes iniciativas:

Junto ao Instituto Nacional de Cinema: a) Recomendar estudos no sentido de que blocos de filmes documentários ou curta e média-metragem possam cumprir a "obrigatoriedade" de exibição de filmes nacionais, sem que isso afete os interessados do mercado de filmes de longa-metragem brasileiros; b) Solicitar a mediação do INC junto ao Ministério das Comunicações, no sentido de que sejam estabelecidas normas de exibição compulsória de filmes brasileiros documentários, de curta e média-metragem, assim como de longa-metragem em todas as estações de TV do país. Tais normas deverão particularmente adequar-se às necessidades formacionais do público infantil, onde os filmes documentários e culturais têm importante função a cumprir: Outrossim, recomenda-se que sejam observados os aspectos da duração, assim como da quantidade de filmes cinematográficos que a compõem, para que se possa estabelecer a porcentagem de obrigatoriedade de filmes nacionais em números justos; c) Retomar a exibir curta-metragem com certificado de Classificação Especial do INC em toda exibição de filmes de longa-metragem nacional ou estrangeiro, o que implicará a ampliação do limite da emissão dos referidos certificados, atualmente limitados a 30 filmes por ano; d) Solicitar a isenção do imposto sobre o metro linear para os filmes documentários culturais de qualquer metragem; e) Estudar a possibilidade de premiação aos filmes de mais de 10 minutos, de caráter cultural; f) Reestudar sugestões relativas a filmes documentários e de curta-metragem brasileiros, apresentados no Congresso Brasileiro de Cinema de 1972, as quais não foram levadas à prática; g) Solicitar a inclusão de um representante da ABD no futuro Conselho Nacional de Cinema, bem como de representantes das Cinematecas e das Federações de Cineclubes.

Junto à Embrafilme: a) Recomendar a aplicação de seus mecanismos também na produção e comercialização dos filmes em 16 mm, de qualquer metragem, assim como aos filmes em 35 mm, de curta e média-metragem; b) Recomendar a distribuição, com exclusividade, de todos os filmes de curta-metragem portadores do Certificado de Classificação Especial emitido pelo INC. c) Promoção de mostras cinematográficas e encontros de realizadores de todo Brasil com a maior freqüência possível; d) Manter intercâmbio com os cineclubes e demais entidades ligadas à organização do mercado paralelo de exibição de filmes, em todo o país, visando à consolidação desse mercado como alternativa à situação atual do curta e média-metragem brasileiros.

3) Estabelecer contatos permanentes com a Associação Internacional de Documentaristas, visando a maior acesso de filmes brasileiros de curta e média-metragem ao mercado internacional.

Poderão se filiar à ABD profissionais ou amadores ligados ao curta e média-metragem sem restrição de bitola ou gênero.

A primeira realização da ABD, SP, consiste numa mostra de curtas-metragens de seus associados, com a duração de uma semana, em meados de abril. As projeções serão feitas em 35, 16 e super 8 mms.

Os documentaristas filiados são: Bernardo Vorobow, Alain Fresnot, Luna Alkalay, Aluísio Raulino, Sidnei Paiva Lopes, João Cândido, Jairo Ferreira, José de Anchieta, Ana Carolina Teixeira, Walter Hiroki Ono, Plácido de Campos Jr., Walter Luís Rogério, Elisabeth A. Raulino de Oliveira, Adílson José Ruiza, Felipe Macedo, Marcelo Giovanni Tassara, Alex Yared, Roberto Lyrio Duarte Guimarães, Kate Hansen, Tércio Gabriel Mota, Marcelo de Almeida Kujawski, Antonio G. T. dos Santos, Albert Roger Hensi, Maria Salma Buzzar, Thomas Farkas, Sergio D'Ávila Almada, Maurice Capovilla, Ozualdo Candeiras, Sérgio Muniz, Mário Masetti, Alex Solnik.

Aluísio Raulino e Alain Fresnot
Revista da Cinemateca
1973

Produzindo na Chapada

Trabalhando na Cinemateca, conheci Luna Alkalay, uma jovem curta-metragista que havia feito filmes muito interessantes, ativa e sensível, era casada com Aluísio Raulino, fotógrafo e talentoso diretor de curta-metragens. Depois de vários curtas dele e alguns dela, Luna conseguiu recursos para fazer um longa.

Ela me convidou para fazer assistência de produção de um filme que se chamaria *Cristais de sangue*, a ser rodado na Chapada Diamantina (BA), em Mucugê, Andaraí e Lençóis. Região de garimpo de diamantes que tinha tido o auge entre 1910 e 1920, seguido da mais profunda decadência. Um lugar muito bonito, com cidades-fantasma que haviam tido 30, 40 mil habitantes, e que tinham de 2 a 5 mil quando fomos para lá, em 1974.

Cristais de sangue era um filme de baixíssimo orçamento. Tinha no elenco Fernando Peixoto, diretor de teatro com bastante projeção, Rui Polanah e Salma Buzzar, irmã da hoje produtora Rita Buzzar. Salma, muito bonita, havia feito ECA comigo. Depois, viajou o mundo inteiro com a peça *Macunaíma*, do Antunes Filho. Curiosamente, fomos para a Bahia de navio, de Santos a

Salvador. O Rui Polanah passou mal, vomitando a viagem toda. Chegando em Salvador, fomos direto para a Chapada, filmamos, mas voltando para São Paulo, para completar o tempo necessário de projeção, a Salma gravou depoimentos e intervenções na beira da Represa, em São Paulo. *Cristais de sangue* é um filme curioso e infelizmente a Luna não prosperou na carreira de diretora.

O cemitério de Mucugê é único, pendurado numa falésia com túmulos mouriscos, provavelmente de mascates. A população da região achou bonito e passou a construir todos os túmulos do cemitério nesse estilo. O branco contrastando a pedra cinzenta do morro, da falésia, forma um cenário de sonho. De longe parece uma cidade das arábias, perde-se a noção de tamanho e tem-se a impressão de estar vendo uma cidade das Mil e Uma Noites. Em Mucugê, ficamos várias semanas, eu fazia a produção a cavalo e me divertia galopando para cá e para lá. Um dia, correndo, estourou a barrigueira, caí sobre a mão direita e quebrei um osso da mão, o escafóide. Não havia médico, nenhum tipo de assistência por lá. O escafóide é um osso elegante, mesmo quebrado não causa dor.

Fiquei 15 dias com o osso quebrado, até que o pulso começou a inchar e doer absurdamente. Em

Lençóis, cidade com um pouco mais de assistência, foi finalmente diagnosticada a quebra do pulso, que só vim a tratar em São Paulo.

Naquela cidade, ficamos hospedados na única pousada digna do nome. Em 1974 o interior da Bahia ainda era bastante precário. Na pousada Antonina, certo dia de manhã, Luna resolveu reclamar com Dona Antonina por causa dos ovos que não estavam no ponto. As duas bateram boca e a Luna gritou: "A gente está trazendo o progresso para a cidade, está trazendo o cinema, empregos, vamos reclamar com o prefeito." E fomos nós, Luna, Raulino e eu, conversar com o prefeito da cidade para reclamar da Dona Antonina. Na prefeitura, antiga, bastante soturna, o "coronel" nordestino nos olhando, a Luna falando: "Porque a Dona Antonina isso, o cinema brasileiro aquilo, et cetera e tal..." E o prefeito só olhando para nós, balançando a cabeça. No final, depois que a Luna terminou todo o seu discurso, o prefeito simplesmente falou: "Ah, a Dona Antonina fez é? Ah, a Dona Antonina falou? Pois fez muito bem. A Dona Antonina é minha comadre e vocês saiam já da cidade! Vocês têm seis horas para sair da cidade senão vão em cana!" A Luna ficou em pânico, o Raulino, branco, saímos os três sem virar as costas. Voltamos para o hotel, interrompemos as filmagens e fiquei apenas eu, no caminhão, escondido embaixo da lona, com todo o equipamento do filme, enquanto a equipe inteira fugia de Lençóis, expulsa da cidade.

Outra curiosidade foi na filmagem de um garimpo, eu estava produzindo de Rural Willys e passando na beira da estrada vi uma cascavel. Eu estava armado e matei a cobra que estava enrodilhando na beira da estrada. Pendurei-a no pára-choques do Rural e fui para o local da filmagem. A equipe estava filmando num rio com os garimpeiros trabalhando. Naquela época, não havia ainda tanta consciência a respeito de ecologia e da proteção à natureza. Hoje em dia não me permitiria matar uma cascavel, mas nessa época me senti o próprio Indiana Jones.

Cristais de sangue competiu em alguns festivais, mas não teve grande repercussão. Para mim foi importante, pois foi, creio, o segundo longa em que trabalhei. Fazendo produção eu estava ligado à estrutura, à logística, base de como se faz um filme. Equipe pequena, eu fazia também uma espécie de assistência de direção e inadvertidamente apareço duas ou três vezes no filme. Tem uma seqüência muito bonita onde a Salma Buzzar está numa canoa, num rio, toda assustada porque não sabia nadar. E aquele riozinho tinha 50, 60 centímetros de água. Mas com a canoa muito instável e a Salma apavorada, eu tive de ficar embaixo d'água escorando a canoa, escondido para mantê-la estabilizada, mas eu tinha que respirar! A câmera estava longe, e sem saber quando estavam filmando, eu saía para respirar. Dependendo do lado em que eu saía, aparecia vez ou outra.

Motorista do Oficina

Uma das grandes emoções de 1974 foi a queda do ditador Salazar, demonstrando a todos que "não há mal que sempre dure, nem bem que nunca se acabe." A Revolução dos Cravos, como foi chamada a movimentação militar que liberou Portugal de décadas de ditadura, deu ânimo e esperança aos brasileiros insatisfeitos com a ditadura daqui. Aproveitei uma ida à Europa para ir a Portugal, sentir o clima de liberdade e alegria. O Grupo Oficina, do Zé Celso, estava lá com a Maria Alice Vergueiro, já minha amiga, Mariana Monteiro e a "tropa" toda do Oficina. Fiquei morando na grande casa comunitária. Por ser o único titular de uma carteira de motorista internacional, me coube a função de motorista. Eu dirigia a Kombi do grupo pra cima e pra baixo. Marcou-me ver o Henricão, jovem ator do grupo, numa depressão tão profunda, que tinha que ser alimentado de colher por outra pessoa, pois não conseguia se alimentar sozinho. Mas o entendi perfeitamente depois da primeira semana comendo a alimentação macrobiótica que o grupo compartilhava.

A equipe do *Trem*, da esquerda para a direita: Gésio Amadeo, Fernando Bezerra, Margarida Caldas, Romeu Quinto, eu, Adílson Ruiz, Plácido de Campos e Cacá Rosset

Trem fantasma

Eu sou de 51, *Trem fantasma* foi o primeiro longa-metragem que dirigi, o filme foi feito em 76, portanto, quando tinha 25 anos. É ingênuo demais para um filme feito com essa idade. A geração do Cinema Novo havia feito excelentes filmes, com os cineastas na faixa de 22 ou 23 anos. São os ares do tempo, as gerações foram se sucedendo e estreando no longa-metragem cada vez mais tarde.

Trem fantasma tem seqüências complicadíssimas, narradas com bastante eficiência. É um filme que prende, rico em variações. Do ponto de vista cinematográfico, não tenho nenhum motivo para me envergonhar dele. Mas hoje não mostro o *Trem fantasma*, talvez porque nele eu me exponha muito. É a trajetória de um jovem operário que abandona a fábrica, buscando uma carreira artística, uma oportunidade, namorando uma menina e tentando se vincular a um grupo de teatro. Ele se frustra e retorna à condição operária. Essa fábula buscava ilustrar a inviabilidade de solução individual para problemas sociais, coletivos.

Na verdade, me incomoda o aspecto um pouco *gauche*, ideologicamente falando. Esse filme tinha a pretensão de ser aberto ao público, com uma história que me parecia poderia interessar.

No elenco principal, Márcia Pompeo, Celso Frateschi, Fernando Bezerra. No grupo de teatro, Elba Ramalho, Tânia Alves, Renato Dobal, Cacá Rosset.

Foi um filme feito sem recurso nenhum, viabilizado graças a umas latas de negativo 16 mm que minha mãe trouxe da França. A produção da Acauã foi possível, pois a ECA tinha todo o equipamento necessário à produção. Faltavam só a comida e o transporte que foram conseguidos. Luna Alkalay fez a produção, Plácido de Campos fotografou, fazendo um trabalho excelente. Entre os méritos de *Trem fantasma* está o de ter sido o primeiro filme do grande técnico de som Romeu Quinto. Por questão de custos e do desconforto ao qual me referi, nunca foi ampliado para 35 mm e conseqüentemente jamais foi lançado comercialmente. Por ser politicamente correto, foi muito visto no movimento cineclubista, forte na época.

Escrever, dirigir e produzir o primeiro longa me deu experiência e me tornou mais ambicioso no sentido de me considerar habilitado a brigar por espaço no "quintal" dos grandes. *Trem fantasma* foi o primeiro longa de um aluno da ECA, e isso num regime de baixíssimo orçamento, praticamente inexistente. Foi montado na ECA e os letreiros filmados em lousa negra de cardápio de botequim.

Da esquerda para a direita: Renato Dobal, Carlos Roberto de Souza, Cacá Rosset, Tânia Alves, Mirthes Mesquita, Douglas Salgado e Elba Ramalho

Sem rodeios

Trem fantasma, de Alain Fresnot, revelou um diretor com muito a dizer e melhor – que sabe como fazê-lo. Pelo menos por caminhos extremamente pessoais. Eis aí um caso raro dentro do cinema contemporâneo: cinema de autor. Fresnot tem talento e promete muito.

E uma das boas coisas de Trem fantasma é a direção segura de Fresnot, que proporciona ao filme um ritmo de unidade. Quando for lançado comercialmente – se conseguir fazê-lo – Trem fantasma soará estranho a determinado tipo de espectador: a narrativa é fragmentada, não há "grandes" interpretações e os atores parecem não representar melhor: a câmera, tal como em documentário, parece apenas captá-los tal como eles são no dia-a-dia.

E aos desatenciosos e preguiçosos mentais o filme parecerá vazio, sem conteúdo. Esse, no entanto, pode ser observado nas entrelinhas. Numa discussão de operários ou numa conversa de bar. Trem fantasma é desses filmes que, mesclando ficção e documentário, pode ser alinhado a um tipo de produção de vanguarda e, por sinal, muito atual: é captação da realidade, é a procura de discutir essa mesma realidade. E sem rodeios.

Sérgio Habib
Jornal de Brasília
07/1977

A Apaci

Em 1975, numa concorridíssima assembléia no Teatro São Pedro, fundamos a Apaci, Associação Paulista de Cineastas. A fundação da Apaci estava no bojo do esforço de reestruturação política da sociedade civil. Naquela época, o Sindicato da Indústria, Sicesp, era politicamente pouco expressivo. O primeiro presidente da Apaci foi Egídio Eccio, e como vice Roberto Santos. Minha assinatura é a segunda da ata de fundação. A partir de então, e ao longo de toda a minha carreira, militei na Apaci, tendo sido várias vezes vice-presidente e, recentemente, presidente. Sempre defendendo os interesses dos realizadores paulistas, a Apaci nunca conseguiu emplacar uma política conseqüente de fortalecimento do cinema paulista e brasileiro. Excessivamente dependente das mirradas verbas oficiais, os sucessivos secretários de Cultura do Estado não tiveram dificuldade em "administrar" nosso pequeno *lobby*, fazendo sempre menos do que o solicitado. Independente disso, a Apaci sempre esteve presente nas lutas do cinema brasileiro.

A depressão pós-filme

Não lançar *Trem fantasma* em circuito me causou a primeira DPF – depressão pós-filme – sentimento comum a muitos diretores. O cineasta brasileiro sempre trabalha com enorme expectativa. Difícil escapar ao simplismo de que se o filme vai mal de público, isto se deve exclusivamente à incompetência do diretor. É preciso ter estrutura, ser sólido e também fazer de vez em quando um sucesso, para manutenção do ego. O cineasta, principalmente no início de carreira, tem de se dedicar totalmente. Como o bailarino, o instrumentista, só a obstinação, a manutenção do foco, possibilita alguma expectativa de sucesso. Em conseqüência, o cineasta coloca o trabalho à frente do lazer, o filme à frente dos parentes, dos filhos e durante dois, três anos, vive essa obsessão. É normal o artista ter o ego "inchado" e acreditar na importância do que está fazendo, senão não pagaria o preço. No meu caso, em que ingenuidade se combina sem problema com pretensão, penso sempre estar fazendo o filme mais importante de todos os tempos.

É evidente que essa visão trágica e um pouco heróica da atividade de cineasta que estou esboçando é fruto de minha experiência pessoal, da época em que atuei e atuo e das circunstâncias do cinema brasileiro. Imagino que em outros países o fazer cinematográfico seja mais simples, o diretor de cinema possa até mesmo ser requisitado e as coisas funcionem normalmente. Acredito também que para vários de meus jovens colegas, que iniciaram carreira após a retomada do cinema brasileiro, o percurso seja mais fácil.

Mas se fosse fácil de fato todo mundo faria. Pior que a depressão pós-filme, é nem chegar a filmar.

O exército que ficou encantado

Durante dois anos, trabalhei no projeto de longa chamado *O exército encantado*, com recursos da Embrafilme, num programa de desenvolvimento de roteiros. Esse foi um dos filmes escolhidos pela Embrafilme por ocasião do PDP – Plano de Desenvolvimento de Projetos para produção. Foram premiados Roberto Santos, Reinaldo Volpato, Olga Futema, Chico Botelho, Galileu Garcia e eu. *O exército encantado* deveria ter sido meu primeiro filme em 35 mm. Era muito ambicioso, uma espécie de Gaijin. Recriava a história da Guerra do Contestado. Sílvio Back fez um filme chamado a *Guerra dos pelados*, sobre o mesmo tema, mas com poucos recursos. Eu tive acesso ao brilhante trabalho do professor Douglas Teixeira Monteiro, *Os errantes do novo século*, sobre este fenômeno messiânico que aconteceu na fronteira do Paraná com Santa Catarina, no início do século XX. Era uma região remota com uma população totalmente desassistida e que teve sua vida transtornada pela chegada da estrada de ferro, que desestruturou e expulsou muitos peões, criando uma massa de "sem-terra." Esse pessoal teve o primeiro surto místico a partir de um monge, José Maria, e teriam existido dois ermitões com essa mesma alcunha. O primeiro, que deixou memória de generosidade e cuidados, e depois outro, imediatamente antes da revolta. Isso teria galvanizado e cristalizado aquele povo em torno da memória do monge e de um messianismo exacerbado.

Ali se formou uma comunidade sem moeda e sem propriedade privada. Eles se estruturaram militarmente a partir do mito dos *Doze pares de França*, segundo livro mais lido no interior do Brasil, só superado pela *Bíblia*. O governo central usou os mesmos argumentos que em Canudos, de que os camponeses eram monarquistas e revanchistas, enviando sucessivas expedições militares para desfazer o reduto. O Contestado

Foto do segundo monge José Maria

chegou a ter mais de 10 mil pessoas organizadas. Até mesmo em Curitiba houve pânico e medo dos revoltosos.

Fiz o roteiro com meu amigo Sérgio Fiker. É o que eu chamaria de épico íntimo. Ele acompanha a história de uma família durante dez anos de evolução do conflito e, a partir desse núcleo, espelha as diversas fases do "diálogo" do poder brasileiro com os revoltosos. A cada fase da repressão corresponde uma da sublevação.

Há uma primeira fase da repressão ingênua em que até um mágico é levado para fazer truques,

João Gualberto e sua tropa a caminho do combate de Irani

conversar com os revoltosos. Internamente, entre os revoltosos, é a fase idealista, em que as cerimônias eram religiosas e a liderança estava preocupada com a organização, a socialização das coisas, a alimentação, tudo, enfim. Na segunda fase, a repressão é real, mas lenta e incompetente. Essa corresponde à militarização interna dos revoltosos e, por fim, depois de várias tentativas pequenas e infrutíferas de silenciar a revolta, o Estado brasileiro põe à mesa todos os recursos para efetivamente acabar com o conflito, estruturando com todas as condições necessárias um cerco progressivo à região, cortando os elos entre a comunidade revoltada e os comerciantes, os contatos exteriores. Inicialmente, faltaram sal e armas aos revoltosos. A partir desse cerco mais violento, científico, digamos assim, internamente advém a terceira fase, também previsível nas trajetórias das revoluções, que é a do terror. Assume a liderança interna uma personagem menor, apelidado de "Alemão", que imprime o mais absoluto terror aos remanescentes internos das comunidades, nos grotões. Eles chegam ao ponto de comer couro, cintos e arreios. Esse era o "arco" que me interessava nessa história, esse diálogo entre repressão e formas de resistência que se refletiu no histórico dessa revolução de forma muito interessante.

As ações partiam da família, justamente para possibilitar um custo de produção menor. Procurei com esse enfoque trabalhar situações mais fáceis, não fazer um intolerância mas sim algo fechado, método que a Tizuka Yamazaki usou no Gaijin, contemporâneo desse meu projeto, ela também estreante no longa 35 mm.

Eu tinha tudo, levantamento fotográfico, esboços de cenários, estudos completos para operacionalizar a produção. Era um roteiro ambicioso, mas não irrealizável. Muito organizado, o projeto que tinha sido encaminhado para a Embrafilme era composto de dois tomos, um com o roteiro e análise técnica e outro com o plano de produção e um levantamento exaustivo de produção. Minha preocupação era evidentemente provar a capacidade que eu tinha para fazer o filme. Quando saiu o resultado do PDP, foram publicados no jornal *O Estado de S. Paulo* os filmes escolhidos. Essa escolha, essa definição, era, na época, garantia firme de produção. Mas, por circunstâncias que não consegui apurar, só foram produzidos três dos seis escolhidos. Isso no histórico da empresa era fato absolutamente excepcional, pois como fonte de recursos a Embrafilme era seríissima, se dava o sinal verde, é porque de fato ia produzir. Só que nesse caso, não o fez. Roberto Santos fez *Nasce uma mulher*, Reinaldo Volpato, *Nenhum*

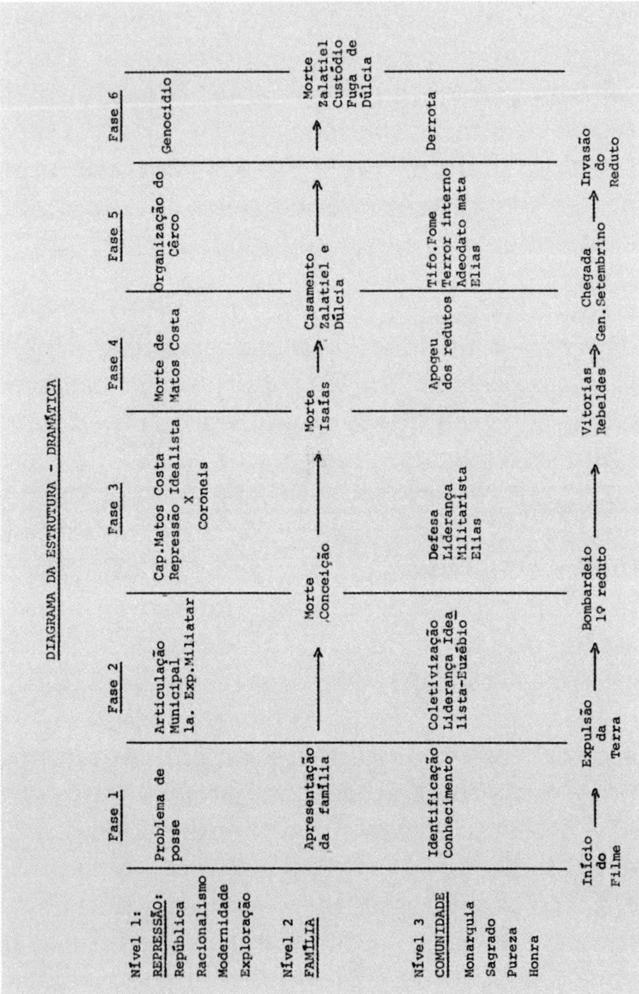

No centro, a trajetória da família de Dúlcia, vítima e agente da guerra *pássaro abrasas*... e o Chico Botelho, *Janete*. Ficamos a ver navios Olga Futema, Galileu Garcia, que tinha um projeto muito interessante sobre aquele bandido "Rei da Boca", Hiroito, e eu, que tinha sido oficialmente contemplado para dirigir meu filme. Não consegui arrancar aquele compromisso da Embrafilme, simplesmente não saiu. Assembléia após assembléia eu reclamava.

Fiquei com isso atravessado na garganta. Ter um projeto aprovado oficialmente, mas não realizado, um compromisso oficial não cumprido. Eu já tinha 30 anos, não era mais moleque e atribuí o fato de a Tizuka ter conseguido fazer o filme

Esboço do projeto de cenografia feito por Marisa Rebolo

dela, também um épico, um épico íntimo, mais ou menos no mesmo formato, e o meu ter sido abandonado, ao desinteresse da Embrafilme por São Paulo. Hoje, pensando friamente, é possível que a simples vontade de fazer um filme discutindo a função do exército ainda fosse inaceitável em 1981, mas não posso afirmar com certeza. Cabe também a leitura de que simplesmente, apesar de terem aprovado o projeto, considerassem o filme complicado demais para um estreante, ou quase. Freqüentemente coloco meus objetivos no limite, próximo do inatingível e corro atrás, talvez Freud explique. Ao mesmo tempo, quero as melhores condições possíveis para a realização.

Embrafilme seleciona 23 projetos de cinema

Vinte e três projetos acabam de ser selecionados pela Embrafilme, dentro de seu Programa de Desenvolvimento de Projetos. A tarefa coube aos diretores e superintendentes da empresa, que levaram em consideração os roteiros, currículos, orçamentos, gêneros, propostas culturais e perspectivas comerciais dos projetos.

Os recursos a serem aplicados pela Embrafilme na execução dos projetos são originários de convênio firmado com o Banco Nacional de Desenvolvimento Econômico, complementados com verbas dos produtores. São estes os projetos selecionados: A vida de Tom Jobim, de Aroldo Marim Barbosa; Bar dos inocentes, de Paulo Thiago; Comes e bebes, de Cécil Thiré; Exército encantado, de Alain Fresnot; Fogo no sangue, de Geraldo Sarno; Hospital Brasil, de Antonio Carlos Fontoura; Janete, de Francisco Botelho Júnior; Jonas, de Oswaldo Caldeira; Luz Del Fuego, de David Neves; Milagre brasileiro, de Eduardo Escorel; O mistério do roubo da lata, de Flávio Migliaccio; Murillo Ibel, de Xavier de Oliveira; Nasce uma mulher, de Roberto Santos; Nenhum pássaro abrasas, de Reinaldo Volpato; No reino da bicharada, de Pedro Stilpen; O bandido e a revolução, de Orlando Sena; O mágico e o delegado, de Fernando Cony Campos; Okinawa, Okinawa, de Olga Sutema; O rei da boca do lixo, de Galileu Garcia; Por tudo quanto é sagrado, de João Assis; Simoa, de Luís Paulino dos Santos; SKS 109, de Sérgio Rezende; e A difícil viagem de Evandro Souza, de Geraldo Rocha Morais.

Estado de S. Paulo
Outubro de 1980

Sofrendo da coluna

Resolvi fazer um documentário sobre a Coluna Prestes, revolta de parte do exército de 1925 a 1927, chefiada pelo depois líder comunista Luís Carlos Prestes. Tema interessantíssimo que ninguém tinha tratado. Sendo um assunto histórico e já distante, fiz várias pesquisas, li os diários, entrevistei Miguel Costa Filho, filho do comandante Miguel Costa, entrevistei outro ex-major, veterinário da Coluna, fui à Biblioteca Nacional, no Rio, onde filmei todas as fotografias disponíveis da Coluna, enfim, fiquei PhD, sabia tudo sobre o assunto.

Com a anistia, Prestes volta ao Brasil. Filmei sua chegada no Galeão e posteriormente, por telefone, de São Paulo, agendei uma entrevista. Claro que esse filme não tinha produção e dois bons amigos, Pedro Farkas, na fotografia, e Augusto Sevá, no som, toparam entrar comigo nesse projeto.

E lá fomos, no dia marcado, para o Rio de Janeiro entrevistar o velho "Cavaleiro da Esperança." Levei todo mundo no meu carro; depois de uma viagem cansativa, chegamos na rua do prédio para entrevistá-lo. Era um apartamento do ou bancado pelo arquiteto Oscar Niemeyer e o Prestes vivia com sua irmã. O porteiro não nos deixou subir, depois de longa negociação no interfone com o Prestes, ele autoriza que eu, e só eu, suba para conversar. Subi. O "Velho" apesar de efetivamente velho me pareceu forte e esperto, o que só aumentava meu espanto, pois ele fingia que nossa conversa telefônica prévia não havia existido, me fazendo repetir toda a "novela" da proposta do filme: o que era, quais eram minhas intenções, etc. e tal. Isso levou bem mais de 30 minutos. Eu absolutamente aflito com o Pedro e o Augusto tomando "chá de cadeira" lá embaixo e o Prestes se fazendo de desentendido. Ele simplesmente havia mudado de idéia e não daria a entrevista. Fiquei pasmo, teria que voltar para o carro, falar para o Augusto e para o Pedro, que estavam ali por favor, que voltaríamos para São Paulo com o rabo entre as pernas. Foi patético. Depois do mico, decidi não fazer o filme sobre a Coluna Prestes sem o depoimento do próprio.

A lei do curta

Sendo aluno do Paulo Emílio, cuja simpatia e radicalidade conseguiam transmitir aos alunos a importância de participar dos eventos e da política cinematográfica, íamos todo ano para Salvador, na Jornada de Curtas-Metragens, na Bahia. Resumindo, eu iniciava minha militância no PCB, Partido do Cinema Brasileiro.

Em 1973, lá fundamos a ABD – Associação Brasileira de Documentaristas, e pouco depois aprovamos uma lei de obrigatoriedade para exibição de curtas-metragens brasileiros, antes das projeções de longas nos cinemas. Nessa época minha empresa se chamava Acauã e, ao ser aprovada a lei do curta-metragem, organizei a produção de quatro curtas. Para isso, convidei três amigos: Adílson Ruiz, Wagner Carvalho e Paulo Márcio Galvão. A idéia era, em sistema de cooperativa, rodar em um ou dois dias cada filme. Cada um dirigia o seu, todos filmes para os cinemas. Adílson fez um filme sobre a migração nordestina em São Paulo, a partir do "improviso" de dois repentistas. O Wagner fez o dele sobre catadores de caranguejo nos mangues de Cubatão. Eu, sobre capoeira. O Paulo Márcio não quis fazer o seu. Em cinco dias seguidos filmamos os três: *Capoeira*, *Mar de lama* e *De repente em São Paulo*.

O meu é apenas o registro de um batismo de capoeira, feito na academia do mestre Almir das Areias, na Barra Funda.

Montei os três curtas, que obtiveram os certificados permitindo que fossem para o mercado, graças à obrigatoriedade.

Cada um fez o letreiro do seu filme. Evidentemente não estávamos inventando nada, já tínhamos na época uma grande produção de curtas e experiências importantes.

Esses filmes que fizemos ficaram marcados como curtas de produtor. Eles eram, para alguns, digamos, menos dignos do que os curtas-metragens 100% autorais. Foi a primeira vez, mas não seria a última, que me deparei com certo esnobismo cultural preconceituoso, pensado como se mercado e cultura fossem inconciliáveis e qualquer tentativa de atender ao mercado fosse menor e culturalmente irrelevante. O fato é que nosso esqueminha foi bolado otimizando a produção, mas tanto os assuntos como o enfoque foram deixados a cargo de cada diretor, e, acredito, tanto o Adílson quanto o Wagner e eu mesmo fizemos o melhor possível à época. Desde então, impôs-se essa ambigüidade (na forma como me vêem) entre diretor e produtor. É uma questão, a fronteira entre filme de produtor e diretor não é clara. Simplesmente, tento fazer o possível para aproveitar as oportunidades e não considero cultura e entretenimento incompatíveis. Essa "pretensão", ou "ambigüidade", me acompanha até hoje.

Os curtas foram então feitos dessa maneira, aproveitando a lei de obrigatoriedade, e eles de fato passaram em vários cinemas, antes dos longas-metragens. Pela primeira vez tive a experiência de ver uma sala de cinema cheia, em silêncio, atenta a um filme que fiz. É emocionante.

Dos três filmes, o mais redondo é o do Wagner, *Mar de lama*, pela beleza das locações e descrição completa da árdua vida dos catadores de caranguejos e das favelas de palafitas em que moram.

144

Cartazete de *Capoeira*, criação de Sebastião Maria

A Boca do Lixo

Eu queria me profissionalizar rápido e tendo optado pela montagem, comprei uma moviola, hoje substituída pela edição digital. A moviola era uma máquina com pratos giratórios, um sistema de retroprojeção, uma pequena tela e "cabeças" de leitura para fitas de som magnéticas, tudo isso organizado em uma grande mesa. O montador cortava e colava com fita adesiva os trechos de imagem e de som, estruturando dessa maneira a narrativa. Instalei minha produtora chamada Acauã Produções Artísticas no oitavo andar do 134 da Rua do Triunfo. O prédio era cheio de produtoras e serviços cinematográficos. É difícil dar uma dimensão exata do que era o movimento e a agitação da Boca do Lixo nos anos 70. O cinema marginal paulista se encontrava lá. Próximo às estações de trem e da Rodoviária, ideal para o envio de cópias para todo o interior, a Rua do Triunfo era o centro das distribuidoras de cinema de São Paulo. Além de distribuidores, havia por ali talvez mais de 30 produtoras, pequenas e médias. Na calçada ficavam os técnicos e figurantes, prontos para serem convocados a qualquer momento. O *point* era o bar sugestivamente chamado de Soberano. No mesmo andar de minha sala havia um produtor espanhol, Augusto Cervantes, que produziu várias pornochanchadas. Montei para ele

Noite em chamas, um pastiche do filme *Inferno na torre*, rodado num hotel do centro. A direção era do Jean Garret, já falecido, originário da Ilha da Madeira e que falava português com um sotaque peculiar. Ele, na época, namorava com a Zilda Mayo, uma das atrizes da Boca. O Jean era um diretor competente em termos de Boca, rápido e econômico, com suficiente noção de colocação de câmera e decupagem. Infelizmente tinha uma certa rispidez e rigidez que evidentemente transbordavam para a tela. *Noite em chamas* segue toda a fórmula do gênero, múltiplas historietas dos hóspedes do hotel até o trágico final. Maria Lúcia Dalh era a atriz convidada, enriquecendo um *casting* de atores da Boca.

A trucagem do edifício pegando fogo no final era de uma precariedade absurda, mas talvez seja hoje uma das coisas mais saborosas do filme pelo seu lado *trash*. No mais, o filme era cuidado tecnicamente e os filmes da Boca faziam sucesso.

Na Boca, por ser de esquerda, e ter admiração pelo Cinema Novo, eu era visto com suspeição pela turma do cinema marginal. Minha imagem era de jovem ligado à Embrafilme, ao pessoal do Cinema Novo.

Na Boca conheci um dos diretores que mais admiro, Ozualdo Candeias. Apesar da época de ouro da Boca já ter passado, ela continuava sendo extremamente rica de "figuras" e tipos humanos. Conheci o José Mojica Marins, o "Zé do Caixão", Odir Fraga, David Cardoso. Fotógrafos: o Carcaça, Toninho Meliande. A Boca do Lixo era uma festa, pessoas de diferentes tribos se misturavam. Ali, além da região cinematográfica de São Paulo, era zona de prostituição, a sede do Dops e do Deic. Ainda não havia o *crack*, mas um misto de putas, policiais, torturadores e cineastas que conviviam pacificamente, procurando se ignorar, se bem que havia uns pontos de contato. Além do Soberano, o Amigo Leo já era o excelente bar que é até hoje, o melhor chope de São Paulo!

No processo de produção da Boca, a mobilidade técnica era possível. O assistente de fotografia de um filme logo era o diretor de fotografia de outro e depois diretor de pornochanchada. O vínculo com os exibidores, fruto dos dias de exibição obrigatórios que a lei garantia, permitia, com relativa facilidade, a reunião dos recursos para produzir um filme. Além da família Massaini, um pequeno grupo de produtores liderava a atividade: A.P. Galante e Alfredo Palácios estavam entre os melhores.

O dinheiro da Embrafilme dificilmente chegava a São Paulo, mas a cota de tela criava necessidade de títulos que gerassem renda e era fiscalizada pela própria Embrafilme. Essa, mesmo não gostando muito do cinema paulista, precisava da "Boca do Lixo."

Na Boca todo mundo tinha seu roteiro, o Soberano fervia o dia inteiro e não havia mesa em que não se estivesse falando de cinema.

Montei outros filmes, um do Carlão Reichenbach chamado *Capuzes negros*, com Luís Gustavo e Sandra Bréa, que eu considero um dos seus bons

EMPRESA BRASILEIRA DE FILMES S/A – EMBRAFILME

AÇÕES ORDINÁRIAS NOMINATIVAS

NOME DO ACIONISTA ***ACAUÃ PRODUÇÕES CINEMATOGRÁFICAS LTDA***

N.º DO CERTIFICADO ***098***

QUANTIDADE DE AÇÕES ***2.513***

Em nome do acionista acima identificado, estão inscritas em livro próprio**2.513****** ******************** ações ordinárias no valor unitário de Cr$ 10,00 (Dez cruzeiros), cabendo-lhe todos os direitos e obrigações previstos no estatuto social e na legislação em vigor.

NUMERAÇÃO DAS AÇÕES *089.669.443 a 089.671.955*

CAPITAL SOCIAL : Cr$898.118.680,00

RIO DE JANEIRO, 15 de março de 1983

DIRETOR — ROBERTO D. M. PARREIRA, Diretor Geral

DIRETOR — JAYME FREJAT, Diretor Administrativo

A Acauã, sócia da Embrafilme. Ações à venda

trabalhos, apesar de renegado por ter sido um trabalho de encomenda, de diretor contratado. *Capuzes* é certamente bem superior a alguns de seus filmes mais recentes. Depois montei em 16 mm *O homem que virou suco*, do João Batista de Andrade, numa relação nem sempre tranqüila. Como boa parte dos jovens, eu tinha a arrogância própria da idade, achava que tinha talento para montagem, além de, é claro, hipertrofiar a importância da edição no resultado de um filme. Independente disso, até hoje penso que esse filme deve bastante à montagem. Fiz um trabalho difícil, chegando a trabalhar 16 horas ininterruptamente, por dias seguidos na moviola. Um montador na Boca, por exemplo, por causa

O montador e sua moviola

da profissão, ficou gago. No mais era só alegria, minha relação de trabalho com o Danilo Tadeu, meu assistente, era excelente e trabalhamos juntos vários anos.

Montei *Alice*, também do João Batista de Andrade, um filme para crianças muito interessante, produzido pela Embrafilme e prova de que ele tinha me perdoado pelos desconfortos anteriores.

O diretor e o montador

A relação editor/diretor não é necessariamente fácil e merece algumas reflexões.

Inicialmente é preciso compreender que o "tempo" de cada um é absolutamente diferente. Para o editor/montador, o momento é de início de trabalho, a disposição é grande e o contato inicial com o material é da maior importância. Bertold Brecht dizia que a primeira impressão é absolutamente estruturante, ele se referia ao texto escrito, mas isso vale para qualquer "discurso." Além de ser única, a primeira impressão permite ao montador sentir os momentos de maior força do material. Sou partidário de que o editor/montador não tenha contato com o roteiro do filme antes de ver o material. Se tiver que fazê-lo deve ser vários meses antes da filmagem e esquecê-lo o quanto antes.

Para o diretor, o momento é de mudança radical do ritmo de trabalho. A sensação, plenamente justificada diga-se de passagem, é de que o principal do trabalho já ficou para trás. Comparado com o trato sistemático e simultâneo com dezenas, às vezes centenas de colaboradores, pressionado pelo cronograma de trabalho, pela meteorologia e demais imprevistos, a fase que começa é absolutamente confortável: só um ou dois colaboradores, horários flexíveis, praticamente nenhum risco. O momento é de refluxo das ansiedades. O diretor experiente dá tempo ao montador para que se familiarize com o material e respeita a "leitura" desse. Para o diretor inexperiente é freqüente confundir o que ele "pensa" ter filmado e o que filmou de fato. O montador é o seu primeiro espectador.

Técnica e teoricamente existem infinitas maneiras de organizar um filme. Mas a necessidade de compreensão do relato, em conseqüência da "vocação" comercial do cinema de ficção, limita essas opções.

O editor, em geral, inicialmente seleciona o melhor *take*, unidade de filmagem de um plano, entre os vários que foram realizados.

O editor/montador experiente "antecipa" mentalmente a mais provável articulação final que poderá vir a ter a seqüência montada para eventualmente reservar mais de um *take* de cada plano filmado. Isso porque um problema qualquer pode ter comprometido o início do *take*, mas não o final, e esse ser superior ao final de outro, inicialmente escolhido. Isso tem de ser feito rapidamente e com eficiência, pois o diretor pode ler esse procedimento como forma pouco rápida de trabalho, mas é essa "não antecipação de opções" uma das qualidades do bom editor.

A boa estruturação de um filme é função do equilíbrio geral de suas partes constituintes. Para isso é importante uma aproximação em paralelo das fases da edição de todas as seqüências. Eventualmente, horas de trabalho aprimorando uma seqüência específica podem ser inteiramente perdidas dada a constatação posterior de que aquela seqüência será supérflua no formato final do filme.

Essa eventualidade recomenda ir tratando todas as seqüências de um longa mais ou menos paralelamente até ter um primeiro "desenho" do filme de três a quatro horas de material corrido. Claro que o advento da imagem digital permite muitas facilidades impensáveis alguns anos atrás, mas a edição continua sendo um questão de intuição, talento e ritmo. É uma das fases mais criativas e artesanais da feitura de um filme, prova disso é que, apesar da facilidade da manipulação da imagem que o digital trouxe, o tempo de trabalho para a montagem de um filme não diminuiu significativamente.

Van Fresnot

Em 1975 conheci Evanilde Aparecida de Oliveira Sampaio, que chegara a São Paulo algum tempo antes, vinda de Limeira, interior do Estado. Nos apaixonamos. A Van era uma moça inteligente, formada em edificações pela Unicamp, bonita e independente. A paixão era grande e eu tinha uma vontade enorme de ser pai, constituir uma família. Ela ficou grávida e logo nos casamos em uma cerimônia simples e um almoço em família na churrascaria Rodeio. Depois de passar pelos traumas causados pela doença de meu irmão, separação de meus pais e a "gandaia" normal da faculdade, eu ansiava por estabilidade. Casados, fomos morar no bairro do Bexiga com amigos. Vivíamos numa pequena comunidade de quatro quartos bem ao estilo dos anos 70.

Nasceu minha primeira filha, Mariana. Saí da casa às pressas com meu jipinho Gurgel para levar a Van pro Hospital Einstein. Chegamos à maternidade e a Mari não nascia. Às quatro da manhã, liberado pela Van, saí do hospital para tomar uns drinques no Bar Bora Bora, na Rua Henrique Schaumann, onde encontrei o Mário Masetti, com quem fiquei bebendo. Hora e meia depois, meio bêbado e ansioso, voltei. Ainda estava em tempo, a Van tinha descido pra sala de parto. Assisti ao nascimento da Mari da janelinha, chorando como uma criança.

Doramundo e a assistência de direção

No mesmo prédio da Acauã, no 134 da Rua do Triunfo, no andar de baixo, ficava a DinaFilmes, distribuidora nacional do movimento cineclubista. Ela tinha uma importância política, pois era uma das organizações que auxiliava o movimento cineclubista a crescer e que podia legalmente lutar contra o regime. O objetivo da DinaFilmes era cultural e político, formou excelentes profissionais que estão hoje na distribuição e na exibição, as duas áreas "reais", isto é, rentáveis, da atividade cinematográfica no Brasil.

Na Acauã, o espaço era mínimo, havia uma ante-sala e a sala da moviola, só. Mesmo assim emprestei a produtora à Assunção e ao João Batista para fazermos a produção de *Doramundo*, algo inimaginável hoje. *Doramundo* era um filme grande, de época, filmado na cidade de Paranapiacaba, São Paulo. Tinha um elenco excelente: Irene Ravache, Rolando Boldrin, Fernando Peixoto, entre outros.

Um dos grandes encantos das profissões do cinema que trabalham na filmagem é a ida a lugares variados, por temporadas mais ou menos curtas, mas intensas. Paranapiacaba foi uma descoberta para mim. O João Batista tinha me dado a oportunidade de colaborar no roteiro do filme que escrevemos a seis mãos, ele, eu e o ator e dramaturgo David José. O João me convidou também para ser seu assistente de direção. Com isso, tive o prazer de descobrir a Vila de Paranapiacaba, a poucos quilômetros de São Paulo, pousada no alto da Serra do Mar. A cidade, totalmente construída pelos ingleses no início do século XX, é um deslumbramento para quem a descobre. Casas de madeira, a estação de trem com seu relógio inglês, uma "visão" envolta em neblina quase constantemente. Uma "Macondo" conservada e ainda habitada. Ficamos mais de um mês filmando, dormíamos num vagão noturno, em gavetas, o que, com a idade que eu tinha, era possível e muito divertido. Tive a oportunidade de conhecer e gostei muito do Rolando Boldrin, excelente ator, músico e grande figura, e descobri o enorme talento da Irene Ravache.

A função de assistente de direção é importantíssima ou não é nada. Está em grande parte ligada ao trato com o elenco. Um bom assistente de direção deve ter todo o filme na cabeça e intermediar, quando necessário, a relação do diretor com a equipe e o elenco. Só sabendo tudo de tudo e tudo de todos é que o assistente de direção é respeitado pelo resto da equipe. Essa vê nele uma fonte de informações e orientações, o que poupa o diretor de solicitações e incômodos diversos. O bom assistente funciona assim como um fusível, um pára-raio nas relações profissionais e humanas de uma equipe. Pode, por sua proximidade com a equipe e o elenco, antecipar problemas e propor soluções.

Depois da filmagem, dirigi a dublagem. A dublagem é um processo de pós-gravação e sincronização dos diálogos que todos conhecem, pelo menos de reportagens. Hoje em dia a maioria dos filmes brasileiros não é mais dublada, mas até poucos anos atrás a opção entre som direto e dublagem era efetiva e muitos filmes eram inteiramente dublados. A dublagem persiste em circunstâncias específicas, como no caso de locações barulhentas, por exemplo. É um trabalho extremamente técnico, que depende de concentração constante, pois há que se controlar a sincronia labial de cada palavra, de cada sílaba. A experiência de montador, de moviola, auxiliava em muito a acuidade do controle do sincronismo. Na moviola era freqüente o ajuste de sílaba em até meio fotograma, ou seja, duas perfurações da fita magnética de diálogo. A Irene Ravache vivia brigando comigo, pois não conseguia decifrar o som-guia do pequeno gravador "mini-cassete", com o qual tinha sido gravado o som da cena. Ouvíamos várias e várias vezes o trecho sem sucesso. E a Irene dizendo, com razão, que não era obrigação dela decifrar a fita inaudível. Sobrou para mim!

Como não me tornei exibidor

Comercialmente, a distribuição e a exibição são os melhores negócios da atividade cinematográfica. Naquela época eu era tão obcecado com a idéia de me tornar diretor que não percebia a importância de algumas oportunidades que surgiam.

Meu pai, assim que se deu conta de que minha obsessão por cinema era irreversível, tratou de tentar me encaminhar: "Já que você vai fazer cinema, acho bom você ficar do lado certo." Ele era comerciante e sabia o quanto é importante numa atividade a comercialização. Naquela época o Bijou, na Praça Roosevelt, era o cinema *cult* de São Paulo. Meu pai comentou da possibilidade de comprar o Bijou, que não deveria ser muito caro e estaria a seu alcance. Fui incompetente o suficiente e não devo ter-lhe dado muitos motivos para confiar em mim. Pelo contrário, eu era eisensteiniano e idealista, não conseguia pensar em nada que não fosse do âmbito da criação. Conseqüentemente, não o estimulei na direção de investir em exibição. Só hoje, a vida ensina, valorizo o aspecto de criatividade e ousadia que há no empreendedor "não artista."

Eu estava voltado para a faculdade. Como imigrante, meu esforço de integração ao Brasil era intenso. Meu pai vivia na ponte aérea França-Brasil. Não era rico, mas tinha que segurar a onda, cuidando de seus interesses em dois continentes, ficava pra cá e pra lá, não acompanhando a vida dos filhos...

Quando meu pai chegava, fechava o tempo! A gente começava a falar francês, tudo voltava a ficar sério, compenetrado. A vida era marcada pelas presenças e ausências do José.

A morte do Josicô

Meu pai, depois do divórcio, voltou para a França. Casou-se novamente com uma mulher de origem armênia. O Daniel morou dez anos na França. Voltou para o Brasil, casou-se e teve um casal de filhos. Em 1982 meu pai faleceu. Ele estava pensando em retornar ao Brasil, mas o câncer do cólon foi mais rápido. Ele não queria muito contato com os filhos nos seus últimos meses, talvez por não querer que o víssemos debilitado. Uns dez dias antes de sua morte, que a mulher previa mas não comunicava, alguém informou minha mãe. Peguei um avião, completamente sedado, na noite do dia 22 para 23 de Dezembro e nesta mesma noite ele morreu. Só vi seu corpo na gaveta do necrotério do Hospital Americano de Paris, com um lenço amarrado em torno do rosto, para manter a mandíbula fechada, acredito. Tomei todas as providências juntamente com a viúva e um ou dois dias depois, chegou o Daniel. O estado dele não era dos melhores. Meu pai, como bom maçom, pediu para ser cremado. Suas cinzas estão enterradas em estéreo, uma parte no cemitério Père Lachaise, em Paris, e outra no Israelita do Butantã.

De uns anos pra cá, meu irmão Daniel, felizmente, está mais tranqüilo, a maturidade está sendo fator de estabilidade. O sofrimento e a experiência da doença o deixou místico e de uma religiosidade intensa. Não me sinto com autoridade para julgá-lo. Ele era amigo de muita gente que morreu ou "foi morrida." Há dez anos abriu uma organização social, um abrigo para menores abandonados, a Casa Taiguara, que recolhe e acolhe crianças de rua do centro de São Paulo.

Leon Hirszman

Graças ao Paulo Emílio conheci o Leon Hirszman. Ele era o "urso", cuja carreira eu acompanhava. Paulo Emílio tinha instituído um sistema pelo qual cada aluno escolhia um cineasta para acompanhar. O Leon simpatizou comigo e logo organizou uma projeção do *Trem fantasma* na casa do Zelito Viana, no Rio de Janeiro. Ele participava de uma espécie de cineclube, pessoas se reuniam para assistir um filme e depois discuti-lo. Na casa do Zelito também presenciei algumas discussões cinematográficas e ideológicas entre o Jabor e o Leon, discussões acaloradas mas fraternas, que me impressionaram. O Leon tinha sagacidade e inteligência raras, e uma certa ingenuidade, freqüente em militantes comunistas. Também eram notáveis sua curiosidade e abertura de espírito. Era uma pessoa dividida entre seu interesse por política e pelo cinema, mas fundamentalmente era um intelectual, um cineasta. Simpatizante do PCB, do "partidão", tinha, desde a década de 70, incorporado os avanços do eurocomunismo à italiana. Como não podia deixar de ser, o Leon era muito ligado à cultura popular. Com ele fiz a montagem de um documentário sobre Partido Alto, a partir de um material maravilhoso, um pagode de fundo de quintal com a velha guarda da Portela, Candeia,

Manacéa, etc... Paulinho da Viola foi assistente de direção.

A diversidade de interesses e curiosidade intelectual faziam com que Leon acompanhasse de perto os intelectuais da USP, filósofos, escritores, ele conhecia todos. Esse interesse por tudo fazia com que "voasse" muito. Certa vez, na Cinemateca do Museu de Arte Moderna do Rio, ele avaliava seriamente a possibilidade de criar um jornal diário, preocupado com a inexistência de um jornal de esquerda, popular, para colaborar no esforço contra o regime militar.

"Alain, você acha que eu devo largar minha carreira de diretor para me dedicar à criação desse jornal?" Eu nunca esqueci porque achei completamente descabido ele me perguntar o que devia fazer de sua carreira. Duas coisas me chamaram a atenção: o quanto ele me valorizava, a ponto de achar que a minha opinião tivesse alguma importância quando eu mal tinha 20 anos, e também o fato de um dos expoentes do grupo do Cinema Novo estar na dúvida se fazia cinema ou jornal. Aquilo me pareceu totalmente surreal, hoje entendo melhor. Ele então me convidou para a assistência de direção de *Eles não usam black-tie*, junto com a saudosa Tânia Savietto. O Leon já tinha dado mostras de seu grande talento com *A falecida* e *São Bernardo*. Era um dos mais competentes diretores do cinema brasileiro, e o fato de me chamar para ser seu assistente foi muito lisonjeiro.

Não fiquei até o final de *Eles não usam black-tie*, filme grande, de dez semanas de filmagem. Fiquei sete. Saí porque precisava sair mesmo, para fazer outra coisa, o Leon entendeu, e aí entrou o Mário Masetti para assumir meu lugar na assistência de direção.

Eles não usam black-tie tinha todo o apoio da Embrafilme, com o Gianfrancesco Guarnieri, Fernanda Montenegro, Bete Mendes, Carlos Alberto Ricelli, Milton Gonçalves, entre outros. Lauro Escorel fotografando. Gosto bastante desse filme, embora seja um pouco "chapa branca", esquemático, não tendo a ousadia e frescor de *A falecida*, nem tampouco a elegância e economia de *São Bernardo*, dois filmes de mestre do mestre.

Mais tarde soube da doença do Leon e de sua ida para Paris se tratar. Infelizmente, não existia ainda a Triterapia. Da morte dele muito pode ser dito e foi na época. Mas, o principal é que foi absolutamente prematura e só quem o conheceu sabe a falta que ele faz hoje ao cinema brasileiro.

Eu, no traço do Paulo Caruso

A Tatu Filmes

Eu sempre fui empreendedor, ingênuo, mas empreendedor. No começo dos anos 80, ficou claro que a "Boca" estava decadente e que, depois de quatro ou cinco anos lá, sozinho eu não conseguiria avançar. A idéia de formar grupos para atuar estava no ar e então resolvi abrir minha empresa, a Acauã, para incorporar mais gente. Conversei com o Wagner, meu colega de faculdade, com o Adrian Cooper, Cláudio Khans, Mário Masetti, que eu já conhecia de teatro, Walter Rogério, que tinha feito ECA numa turma anterior à minha e o Chico Botelho, professor da ECA: uma equipe

Wagner Carvalho por Paulo Caruso

excelente. Resolvemos nos associar, mas meus parceiros não quiseram manter o nome Acauã e, para começar do começo, mudamos para Tatu Filmes.

Alugamos uma casa na Rua Wisard, coração da Vila Madalena, e o Vitor Nosek, amigo e artista gráfico, fez o símbolo da Tatu e o pintou na parede de frente da casa. Eu trouxe a moviola que ficou lá, nos fundos da casa.

Começamos a nos reunir. Tenho certeza de que se tivéssemos feito exatamente a mesma coisa 10 ou 15 anos mais tarde, a Tatu Filmes teria se tornado uma grande produtora como a Conspiração, no Rio de Janeiro, ou a O2, em São Paulo. Tínhamos juntos múltiplas competências. Mário já era diretor de comerciais, Adrian era fotógrafo, Chico também, e vários diretores...

Foi a iniciativa certa no momento errado. Éramos refratários à publicidade, como sou até hoje, mas fizemos vários institucionais e alguns comerciais, graças ao Mário. No começo, quando a situação era confortável, as decisões estratégicas da produtora eram tomadas coletivamente.

A produção do cinema era toda dependente da Embrafilme, não havia outra fonte de recursos. Era a fase dos corredores da Embrafilme. Para os jovens cineastas paulistas os corredores da Embrafilme eram o lugar de encontro, de espera, uma espécie de purgatório ou inferno, paraíso mais raramente. Horas e horas passei procurando ser agradável com as secretárias, tentando ser recebido por algum diretor, forjando encontros casuais, campanando saídas para o almoço, espreitando portas de elevador. A Embrafilme ficava num pequeno prédio no centro do Rio de Janeiro e funcionava em vários andares. Pequenos corredores, divisórias iguais em todos os níveis. Várias vezes tomei banho escondido nas torneiras das pias dos banheiros, chegando bem cedo, depois de uma viagem noturna no trem SP-Rio.

O jovem cinema paulista conquista o seu espaço

Sem incentivo, com pouco capital e dificuldade na distribuição, a solução adotada pelos jovens cineastas paulistas foi a de se organizar em empresas, como a Tatu Filmes (foto). Para isso eles afastaram possíveis divergências ideológicas, em função de abrir mais espaço para o cinema brasileiro. Na página 4.

Como sempre, "o jovem cinema" conquistando seu espaço

É preciso dizer que os funcionários públicos da área cinematográfica são excelentes, compreendem e defendem a causa do cinema brasileiro, até hoje. São eficientes e trabalhadores, mas a Embrafilme tinha sido criada pelas lideranças cinematográficas cariocas e evidentemente era o pessoal do Rio que ditava as regras. Naquela época, o cinema paulista era mais fraco do que hoje. Era um momento em que o cinema brasileiro era casa de pouco pão, como ainda é, e assim, todo mundo brigava e ninguém tinha razão, como ainda é.

Chico Botelho por Paulo Caruso

Lua cheia I

Meu objetivo era fazer *Lua cheia*, livremente inspirado no *Puntilla* e *Seu criado Matti*, do Brecht. Eu já tinha visto *Na selva das cidades*, do Zé Celso, *A ópera de três vinténs*, além das montagens do Cacá que acompanhei de perto. Eu era, e ainda sou, admirador do Brecht; sabia que Alberto Cavalcanti tinha feito uma adaptação do *Puntilla* que eu não tinha visto, pois não estava disponível no Brasil. Acabei vendo só um trecho no filme sobre a vida do Alberto Cavalcanti que a Embrafilme produziu, por ocasião de sua morte. A seqüência se passava numa festa, a personagem do genro fantasiada de galinha, cacarejando. Nada tinha a ver, felizmente, com meu filme, com a abordagem que eu queria dar.

Escrevi o roteiro com a Isa Castro e o Fernando Coni Campos, trabalho que deve muito de seu humor a este último. Conhecer e trabalhar com o Fernando foi uma das alegrias que a profissão me propiciou. Discreto, doce, inteligentíssimo e de humor afiado. Pena que, ele morando no Rio e eu em São Paulo, nossa colaboração tenha sido, no mais das vezes, a distância, mas cada reunião de trabalho era muito divertida. O Fernando está, injustamente, no "limbo" da memória cinematográfica brasileira, em companhia do Mário Fiorani e alguns outros, isso por ser discreto e não político.

Janete e as feministas

O primeiro longa-metragem que conseguimos produzir na Tatu Filmes foi *Janete*, do Chico Botelho. Ele foi o primeiro dos "Tatus" a morrer, ao sofrer um ataque cardíaco fulminante, no Rio de Janeiro. Seus filmes faziam prever um amadurecimento e uma preocupação de aprimoramento. *Cidade oculta* é um dos melhores filmes daquela fase do cinema paulista. Chico era professor da ECA e fisicamente lembrava um pouco o Jerry Lewis. Era simpático, tinha a diplomacia que o trato na academia dá. Cinematograficamente, ele se encaixaria naquilo que foi depois chamado neon-realismo. Com *Janete*, Chico tentou fazer um filme de público. A montagem foi tranqüila, com o Danilo como meu assistente. Na produtora, cada um tentava, claro, priorizar seu filme... Eu lutava com unhas e dentes para fazer o *Lua cheia* e não conseguia. O Chico era casado, na época, com a jornalista Inês Castilho. Feminista, Inês fazia um jornal chamado Nós Mulheres, que chegou a ter certa importância. Em torno dela um grupo de meninas, psicólogas, com vontade de fazer filmes, curtas-metragens. Com o apoio do Chico, começamos a produzir os filmes dessas meninas. Naturalmente, dentro da Tatu, prevalecia um jogo de poder pelo qual as alianças se faziam ao sabor dos projetos que estavam se viabilizando no momento. Para mim isto era absolutamente desconfortável, me parecia que a Tatu estava favorecendo os filmes de fora e não os dos sócios. O Waltinho era sempre generoso e diplomata com as meninas; dos três sócios com pretensão a dirigir só eu começava a sentir meu espaço invadido. Mas, elas fizeram filmes excelentes: *Mulheres da boca*, direção da Inês, é lindo e há mais dois ou três filmes, bons curtas-metragens.

Walter Rogério por Paulo Caruso

Dois a zero

Então surgiu a oportunidade do Chico fazer seu segundo longa-metragem, um segundo filme para a mesma pessoa! Isso era difícil de engolir porque *Janete* tinha sido um filme correto, mas não mais do que isso, e *Lua cheia*, evidentemente, seria o melhor dos últimos 50 anos, claro...

O Mário nunca teve a obstinação para ser diretor de longa, o Wagner tampouco. Adrian Cooper, apesar de ser potencialmente um excelente diretor, também não tinha. De fato, com pretensões a diretor: Chico, Waltinho e eu. Waltinho sempre

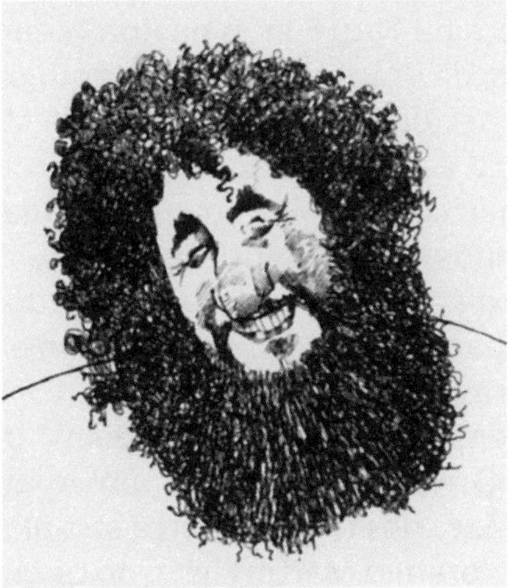

Mário Masetti por Paulo Caruso

mais boêmio e tranquilo. Na verdade, raivoso só eu. O que ocorria ia absolutamente contra o meu senso de justiça. E isso, depois de ter aberto minha produtora para acolher os colegas. Vinha de dois anos de "depressão", por conta do *Exército encantado*. A Embrafilme tinha sido incorreta comigo e, como se não bastasse, meus sócios puxando meu tapete. Hoje, retrospectivamente, percebo que não era tão simples, havia provavelmente uma relação privilegiada entre o Chico e a Embrafilme. Fato é que isso não era confortável e eu que esperava uma postura de mosqueteiros, "um por todos e todos por um", tive que me contentar com uma postura de moscas.

A presença da Tatu Filmes na Rua Wisard, da Superfilmes, da Brasil filmes, gerou aquilo que viria a ser conhecido como cinema da Vila Madalena. Em frente à nossa produtora havia o Martin Fierro, bar conhecido como "Empanadas", de propriedade dos argentinos: Hugo, provavelmente exilado, Ana e Alexandra, todos de simpatia ímpar. A presença da Tatu Filmes e outras produtoras que orbitavam por ali, transformou rapidamente o Empanadas no "point" do cinema da Vila. O Hugo decorava o ambiente simples com cartazes dos filmes, e certo ano ele resolveu instituir o prêmio Martin Fierro do cinema paulista. Era um movimento intenso e agradável.

A situação financeira da Tatu Filmes não era segura, os filmes entravam, mas os curtas-metragens tinham taxa de administração pequena. Apesar de nossos custos fixos serem baixos, tínhamos que fazer institucionais e comerciais. O Mário era o único profissional com contatos na área comercial e institucional e, generosamente, colocou na mesa os clientes que eram dele. Durante um certo tempo, fizemos institucionais da Shell, filmes de treinamento e alguns comerciais para a igreja Mormon. O primeiro orçamento que fizemos foi para a Shell. Não tínhamos ainda máquina de calcular na produtora e o orçamento foi feito no meu relógio Casio que, sofisticadíssimo no seu estilo *office-boy*, era também uma calculadora. Na hora de determinar o lucro, a comissão da produtora, resolvemos: "vamos pôr 10% para não encarecer demais para o cliente", e fizemos 10% no meu relógio-calculadora. Mandamos o orçamento, o cliente topou. Depois descobrimos que eu tinha digitado errado. Em vez que colocar 10% de taxa de produtora, tinha colocado 100%. Alvoroço, alegria na produtora! Pensamos em mandar enquadrar o reloginho Casio e pendurar na parede da produtora. Tínhamos ganho uma bela grana! Este erro de digitação ficou folclórico.

Na área do longa-metragem ficou evidente que era impossível um mínimo de lógica. Dependíamos totalmente dos favores da Embrafilme. Dessa maneira o Chico estava fazendo seu segundo filme antes de eu conseguir fazer meu primeiro. O Mário, por exemplo, estava trazendo mais do que recebendo, e então me dei conta de que a produtora estava servindo mais de ponto de apoio a terceiros do que para os próprios sócios. Naturalmente, cada um passou a ser mais rigoroso, fazendo um balanço mais real do que estava ganhando em relação ao tempo, trabalho e empenho para o sustento da produtora. As pessoas foram se retraindo e, conseqüentemente, foi entrando menos dinheiro.

Adrian Cooper por Paulo Caruso

Cláudio e o fim

A história do fim da Tatu Filmes é triste. Se tivéssemos resistido até a retomada do cinema brasileiro, muito provavelmente seríamos hoje um dos principais núcleos de produção do país. O que aconteceu comprometeu definitivamente minha relação com o Cláudio Khans. O fato da Tatu Filmes ter falido como projeto coletivo foi penoso. Atribuo o que aconteceu ao momento, mas também ao encaminhamento dado pelo Cláudio. A Tatu era naturalmente um pólo de atração de produções, assim fizemos *A marvada carne*, do André Klotzel.

Imagino que Cláudio soubesse que o Roberto Gervitz tinha perspectiva de ser "premiado" com um longa-metragem e que o filme do Sérgio Toledo viria também. Ele então entendeu que tinha mais a ganhar se reduzisse o número de sócios e aos poucos foi gerando uma situação desconfortável para os parceiros. Quem é sócio de uma empresa tem sempre seu nome em risco, e não pode permitir que ele fique sujo. O Cláudio foi então aplicando a política do quanto pior melhor para afastar as pessoas. O Wagner, como produtor que era, e por ter perdido espaço em favor do Cláudio, foi o primeiro a sair. Nós éramos sócios em partes iguais na *Marvada carne*, aí o Cláudio fez uma negociação, e ficou com uma porcentagem maior do filme. Acabou afastando todo mundo. Fui o último a sair porque percebi o jogo, mas finalmente cedi, pois minha responsabilidade junto à empresa de embalagens da minha família não me permitia arriscar sujar meu nome. No nível pessoal, me espantou muito o encaminhamento dado pelo fato de considerar o Cláudio um amigo isso me revelou que na verdade eu não o conhecia de fato.

No final, ele acabou ficando sozinho com a marca Tatu Filmes, pensando talvez ter feito grande negócio. Então, chegou o Gervitz para fazer seu filme. Foi um desfecho inglório para um processo coletivo de trabalho. Nessa época, Cláudio estava casado com a Susana Villas Boas, produtora competente, como depois o tempo comprovou.

Saí com 10% do *Marvada carne*, que o Cláudio pagava quando queria. Em vinte anos não recebi um relatório sequer, ou talvez um, talvez... Mas isso é compreensível pois o Cláudio não era ainda o grande produtor de Gonçalo, Rouge Brésil e Mamonas Assassinas que viria a se tornar.

Nessa época, nasceu, na Maternidade São Luiz, minha segunda filha Alice, a quem, pelos olhos juntinhos e a cabeça grande como todo bebê, dei o apelido de Piu-Piu.

Voltei a ter uma produtora individual com a qual produzi *Lua cheia*. A Van tinha 5% da empresa e ainda não trabalhava com cinema. Seu primeiro trabalho profissional, se não me engano, foi assistência de produção executiva para Assunção Hernandes, justamente no *Lua cheia*.

Foto histórica feita na esquina das ruas Wisard com Fradique Coutinho
1. Chiquinho Brandão, 2. Isa Castro, 3. Aluísio Raulino, 4. Bigh Nilson Villas-Boas, 5. Luis Penna, 6. Renato Tapajós, 7. Zé Bob, 8. Roberto Gervitz, 9.Rogério Correa, 10. não identificado, 11. não identificado, 12. Hermano Penna, 13. Sérgio Bianchi, 14. Zita Carvalhosa, 15. Sérgio Muniz, 16. Denoy de Oliveira, 17. Adrian Cooper, 18. Reinaldo Volpato, 19. André Klotzel, 20. Tide Borges, 21. Mário Masetti, 22. Inima Simões, 23. José Sadek, 24. Olívio Tavares de

Araujo, 25 Inês Vilares, 26. Lia Camargo, 27 Sara Yakne, 28. Raquel Gerber, 29. Suzana Villas-Boas, 30. Wolf Gauer, 31. não identificado, 32. Amilcar Claro, 33. Plácido Campos Jr., 34. não identificado , 35. José Celso Martinez Correa, 36. Ivan Kurdna, 37. não identificada, 38. Ricardo Dias, 39. Regina Gomes de Souza, 40. Pedro Farkas, 41. Rita Buzzar, 42. Alain Fresnot, 43. Edson Elito, 44. Walter Rogério, 45. André Khans, 46. Flávio Del Carlo, 47. Cláudio Khans, 48. Tânia Savietto, 49. Beth Ganymedes, 50. Emílio Fontana, 51. Júnior Carone, 52. Cristina Prado, 53. Júlio Calasso

"Eleição" na Embrafilme

Já era 84 ou 85 e havia sucessão no poder da Embrafilme e, como sempre, com alguma pressão paulista. Os "mandarins", lideranças do cinema carioca, tinham mais força do que hoje, mas estavam perdendo um pouco de espaço. Havia também polarizado a polêmica entre Roberto Farias e Gustavo Dahl, sobre a distribuidora da Embrafilme. Era hora da nomeação do diretor-geral, com o governo querendo ouvir a opinião da classe. Como prova da perda de poder do mandarinato, os dois candidatos finalistas eram paulistas. Duas lideranças importantes e até hoje fundamentais na política cultural e cinematográfica: João Batista de Andrade e Carlos Augusto Calil. A "eleição" era absolutamente informal. Evidentemente, o cargo de diretor-geral não era eletivo, mas a situação do país já estava democratizada e aberta a polêmicas. Fiz campanha para o João, de quem eu era mais próximo. Claro que minha intervenção era absolutamente periférica. Mas, no meu entender ele perdeu a indicação por uma certa timidez e faltou obstinação na reta final. Enfim, foi o que me pareceu, é possível que não fosse este o motivo. Certamente, isto hoje não interessa a mais ninguém, mas na época foi uma movimentação intensa.

Finalmente um longa!

O Calil assumiu. Sendo de São Paulo, era próximo, com certeza me conhecia desde os tempos da Cinemateca e, provavelmente, tinha visto ou pelo menos ouvido falar do *Trem fantasma*. Havia o fato de o *Exército encantado* ter ganho a produção da Embrafilme e não ter levado. Pesou também, o fato de a Embrafilme estar ficando meio frouxa do *dictat* dos produtores cariocas. Daí uma certa margem de manobra que lhe permitiu arejar um pouco as coisas.

Naquelas circunstâncias e, de tanto insistir, penso que o Calil achou que eu merecia fazer alguma coisa. Ele finalmente liberou dois filmes para São Paulo: o do Walter Rogério, *O beijo 2348/72*, e o meu, *Lua cheia*. Primeiro o do Waltinho que era contemporâneo seu na ECA. O Waltinho tinha saído da Tatu antes de mim e, com o Wagner produzindo, conseguiram fazer *O beijo*. Eu, com minha produtora, fui fazer *Lua cheia*.

Convidei Assunção Hernandes para a produção executiva. Sua empresa, a Raiz, estava acostumada a esse tipo de co-produção. O produtor-realizador conseguia o filme junto à Embrafilme e a Assunção assegurava a produção-executiva, ficando como produtora minoritária. É uma colaboração que funciona e que Guilherme de Almeida Prado e a Susana Amaral também fizeram com a Assunção.

A Van Fresnot foi assistente de produção executiva. Convidei o Pedro Farkas para fotografar e ele me indicou Carlos Liuze para a Direção de Arte. Um diretor de arte do Rio de Janeiro, competente e simpático.

O *casting*

Casting ou produção de elenco é uma das tarefas fundamentais na criação de um filme, pois muito se define nesta fase, antes do início das filmagens. Pode parecer óbvio, mas a quantidade de potenciais bons filmes que se perdem com um *casting* equivocado é grande.

Nesta fase busca-se o ator ou atriz que corresponda fisicamente à personagem imaginada e quanto mais talentoso(a) for, melhor. Só para personagens absolutamente secundárias pode-se privilegiar o tipo físico em detrimento da competência, e mesmo assim com o maior cuidado.

O *casting* é um trabalho longo que envolve questões financeiras e de agenda do elenco. Nos Estados Unidos é comum que seja realizado por um profissional especializado. Isto é útil, pois economiza tempo, desde que o diretor acompanhe o trabalho. Eu sempre fiz meus *castings*. Apesar de ser uma fase trabalhosa e tensa, permite um contato prévio com os atores, um conhecimento mútuo, que vai facilitar a criação depois, principalmente se não houver orçamento para preparação de elenco ou trabalho de mesa longo com os atores.

Nos contatos iniciais vai se conhecendo a personalidade do ator/atriz, suas simpatias e antipatias, e a maneira de se colocar. Isto é especialmente importante na relação de diretor jovem, com atores e atrizes mais velhos e consagrados. É importante para o jovem diretor ser respeitado pelo ator e isso, como em qualquer relação, só se dá pela seriedade e transparência. Dessa forma, o diretor vai conseguir "margem" para intervir criativamente na interpretação de tal seqüência ou plano. É fundamental para o seu trabalho que se estabeleça uma relação de confiança. Assim, quanto mais tempo houver melhor, então é útil usar a fase de *casting* criativamente.

Para *Lua cheia*, fiz a "corte" ao Lima Duarte durante dois meses. O papel do Guimarães só poderia ser dele e por dois meses fiz "campana." Ele leu o roteiro, eu ia atrás, telefonava, encontrei-o varias vezes no Parreirinha, restaurante tradicional da boemia paulista, frequentado pela Isaurinha Garcia, pelo Adoniran Barbosa e que, infelizmente, fechou há uns dois anos. O Lima era freguês. Ele topou fazer o filme quando percebeu que eu valorizava a cultura brasileira. O Lima tem um histórico grande no cinema brasileiro, mas corria um folclore de que ele era pé-frio. Isto porque ele não tinha feito nenhum filme que efetivamente estourasse. Felizmente, *Eu, tu, eles* veio quebrar esse estigma.

Uma das interpretações magistrais do Lima foi com o Hermano Penna, no *Sargento Getúlio*, que embora não tenha feito um público muito grande, teve merecido sucesso de crítica e internacional.

Consegui também o Otávio Augusto, que já conhecia, que além de excelente ator, é bem humorado.

Nessa altura, eu já tinha o Lima, o Otávio, a fotografia do Pedro Farkas, a coisa ia se encaminhando para que eu pudesse fazer um bom filme. Para a personagem da filha eu queria Regina Casé, mas ela não pôde. Pensei na Maria Zilda, que, novinha ainda, era excelente atriz, comediante, como até hoje é. Fiquei um mês atrás dela. Veio um "não" redondo. Tentei Andréa Beltrão, que gostou do roteiro, mas por problema de agenda não pôde fazer. Resultado: faltando uma semana para começar a filmar, eu não tinha a atriz principal. Na undécima hora o Otávio Augusto me indicou a Lúcia Alves. Ela então fez o papel, mas, infelizmente, não era a atriz para o filme.

No alto-forno da Cosipa, eu, saudosa Marcia Burg e Lima Duarte

Olhar e ver

Havia dez anos que eu não fazia um longa-metragem, era praticamente como se eu estivesse começando de novo.

A emoção de filmar é sempre grande. Eu fico tão envolvido que sempre acredito estar fazendo uma obra-prima, esse tipo de ilusão é importante. Para o diretor e a equipe o filme deve ser a coisa mais importante que há. Com o olhar dos outros, depois de pronto, ele vai retornando à dimensão natural. É no momento que começa a luta pela vida comercial que o filme assume sua verdadeira dimensão e você, no caso eu, deixa de olhar e passa a ver. Ele se transforma, de "obra-prima" em produto a ser vendido entre outros duzentos. Às vezes demora mais e o filme só é visto com objetividade tempos depois.

Há duas seqüências que eu hoje tiraria do *Lua cheia*. Na verdade não sei se tirei ou gostaria de ter tirado, não tive coragem ainda de conferir o DVD. Se estiverem lá, imaginem o filme sem elas: a seqüência em que a filha do Guimarães entra na biblioteca e beija o noivo e, no final épico e apocalíptico, dá para tirar uns três ou quatro minutos e o filme fica melhor. Cinema é igual a buraco, quanto mais tira, maior fica.

196

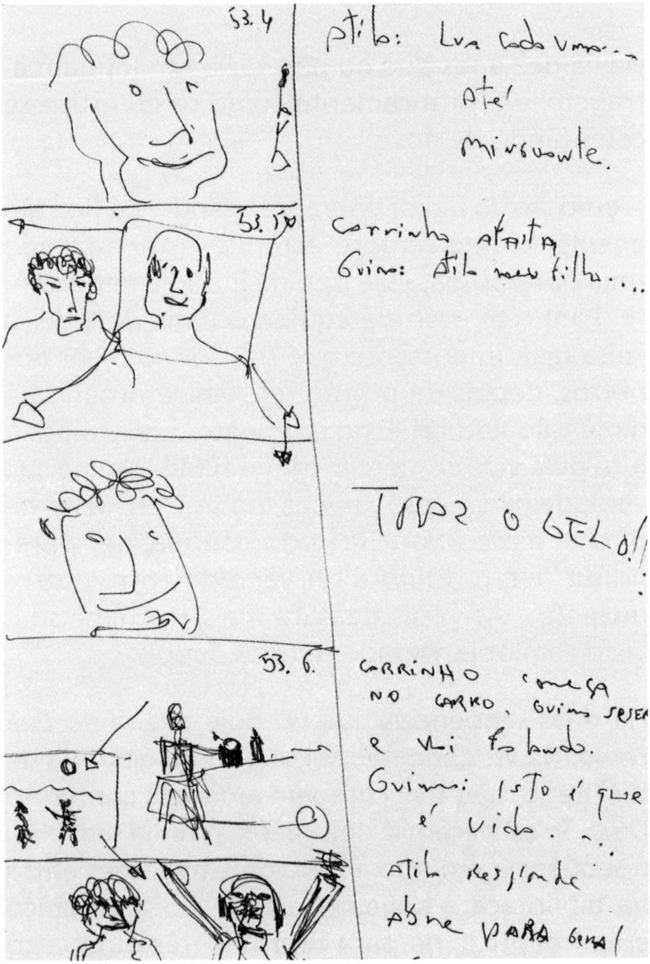

Storyboard caseiro do *Lua cheia*

Lua cheia II

Com o roteiro, o elenco, a equipe técnica e principalmente os recursos, começamos a pré-produzir o filme. Curiosamente, o que parecia ser uma coisa simples, encontrar a mansão do Guimarães, revelou-se muito difícil, praticamente impossível. A ação do filme se passa, em grande parte, na casa do poderoso Guimarães, conseqüentemente, tínhamos praticamente 5 semanas das 8 de filmagens nessa casa. O bom senso recomenda, neste caso, conseguir uma só locação para facilitar a filmagem, reduzir perdas de tempo e deslocamentos desnecessários. Tínhamos seqüências na sala, nos quartos, na cozinha, na sauna, na biblioteca, na frente da casa, nos fundos, na piscina. Próximo à filmagem, não havíamos encontrado a locação e, finalmente, não achamos mesmo. Resultado: cada ambiente foi filmado num lugar diferente. As filmagens foram um pinga-pinga absurdo pelos bairros da cidade. Felizmente, na tela, a continuidade da casa é perfeita. Até hoje me impressiona o quanto o cinema pode criar uma realidade paralela, virtual, pela simples justaposição de planos. A mansão convence plenamente.

Filmamos o Lua em dois meses, junho e julho. Lembro do frio intenso na Estrada do Jaraguá em que filmávamos a noite inteira, à base de café e conhaque. A seqüência da subida no alto-forno da Cosipa, que fecha o filme, também foi difícil. Três dias subindo e descendo as escadas do alto-forno, antes de nós sempre um funcionário com um aparelho medidor de gases, pois há permanentemente risco por causa de um gás inodoro e fatal. Felizmente, este teve a elegância de não escapar naqueles dias.

Colocamos Lua na lata exatamente no prazo previsto, os letreiros sobrepostos a um maravilhoso falso luar fabricado pelo Pedro Farkas no braço estreito do lago do Ibirapuera. Ali também rodamos uma das melhores seqüências do filme, em que o Lima e o Otávio dão um *show* de interpretação.

Lima Duarte e Otávio Augusto bêbados de chá

O lobisomem

A história, quando reduzida a sua situação chave, quando resumida em poucas linhas, tem algo de já conhecida do espectador: um milionário duro, inflexível, mal-humorado, muda inteiramente de personalidade depois de beber um pouco. A cada noite, de pileque, torna-se afável e gentil, amigo e generoso com quem não tem dinheiro de um modo geral, e de seus empregados em particular. E bem em particular de seu motorista que, paciente e compreensivo o acompanha nas noites de bebedeiras, recebendo intermináveis promessas de aumentos de salário – promessas esquecidas, negadas, transformadas em ameaças de demissão logo que a bebedeira da noitada se transforma na ressaca do dia seguinte.

A história, tal como se apresenta no filme, e logo ali, enquanto se apresenta na tela, lembra alguma coisa já vista e ouvida. É uma ficção popular, já uma vez mais ou menos apanhada por Brecht (O senhor Puntilla e seu criado Matti), também apanhada por Chaplin (Luzes da cidade), e muitas vezes aproveitada em prosa ou verso, no cinema ou no circo, como representação bem precisa dos conflitos entre patrão e empregado, sempre que uma crise econômica torna mais aguda a relação entre quem tem dinheiro e quem trabalha demais.

Assim como colocada na tela por Alain Fresnot em Lua cheia esta história serve principalmente para um solo de ator, Lima Duarte, no papel do empresário Guimarães, ou para um quadro irônico, meio pintado dentro da situação, meio debochado, meio visto como um beco sem saída (talvez mais exato fosse dizer um beco sem saída correndo ladeira abaixo) do patrão, do empresário que, lobo de dia, se afoga em compromissos enquanto sóbrio, e meio homem de noite se desafoga em bebida na lua cheia para se transformar num quase homem, em gente.

Lima Duarte diz que tem tido patrões a vida inteira, desde que chegou ao Rio de Janeiro aos 16 anos, retirante, num caminhão de mangas, e que se lembrou muito de todos eles ao compor a personalidade de Guimarães – em especial lembrou-se de Assis Chateaubriand – e que lhe fez muito bem ter purgado um pouco os patrões que teve. O que o filme propõe semelhante a este vivido por seu intérprete principal enquanto armava o seu personagem: purgar-se um pouco do patrão.

O que importa mesmo é a montagem desta figura meio caricata, meio trágica do patrão que, numa noite de lua cheia, às vésperas de um casamento de conveniência, que impõe à filha, para se ligar a uma família amiga de um ministro que lhe garantirá uma proveitosa negociata, às vésperas da grande festa de casamento convida um caminhão de bóias-frias a se instalar em sua casa. Transformado em meio homem pela bebida, cruza com os trabalhadores na estrada, de madrugada, e se deixa levar pelo coração, sentimental como ele só, indignado com as condições de vida de toda aquela gente, com a paga pequena, minúscula, ínfima, quase nada, que lhes cabia. Um gole maior de uísque e pronto: olhar mais doce, sorriso ligeiro, cabeça inclinada para o lado, olho meio fechado, surge logo o convite: todos lá para a casa de Guimarães.

Dia seguinte, quando passa a bebedeira e chega a hora do lobo, o que importa de novo é o patrão, e não propriamente os bóias-frias que terminam, como era de se esperar, expulsos com brutalidade da casa de Guimarães. Parte desses figurantes, é verdade, é vez por outra apanhada em primeiro plano pela câmera, diz coisa ou outra dessas que com freqüência entram por um dos ouvidos do patrão e saem pelo outro, como se nem tivesse passado pela cabeça. Mas os bóias-frias, como todos os outros personagens são, em escala maior ou menor, coadjuvantes, papéis secundários por trás da figura trágica do lobo quase homem por causa da bebida. Coadjuvantes e, sensação que fica no ar, quase cúmplices.

Cúmplices como o motorista particular de Guimarães, o Wellington, interpretado por Otávio Augusto, que aprende a tirar vantagens da situação, e de algum modo propicia, pelo menos, que as coisas sigam assim como seguem. Cúmplices como o Veríssimo interpretado por Antonio Abujamra, ou como a filha e a mulher de Guimarães, conformadas também, e bem situadas, com as oscilações do pai e marido, uma vez que toda e qualquer excentricidade noturna conseguia sempre ser reparada em função do poder garantido pelo dinheiro à luz do dia. Em escala menor, mas cúmplices também dessa situação, talvez por não saberem reagir como se faz necessário, ficam os bóias-frias, que passam pelo filme sem ser propriamente tomados como personagens dramáticos.

A construção de Lua cheia, tal como está armada, ao que tudo indica desde o roteiro (de Isa Castro, Alain Fresnot e Fernando Cony Campos), destaca mesmo é a tragicômica situação de Guimarães. Arma um espaço e um ponto de vista a partir do qual esta velha ficção popular que representa o conflito entre patrão e empregado serve apenas para examinar em detalhes as contradições do patrão, entre ter mais dinheiro ou ter mais cachaça. Além disso, neste primeiro longa-metragem de Alain Fresnot existe uma evidente satisfação com o instante de fazer cinema que para ele (que já fez vários curtas e trabalhou como assistente de direção ou produção com Reichenbach, Hirszman, João Batista, Chico Botelho e André Klotzel desde 77) é uma cachaça.

José Carlos Avellar
Última Hora
Setembro de 1989

204

Guimarães e Wellington a caminho do fim

Lançando *Lua cheia*

Pronto, *Lua* tinha bom potencial de público por ser comédia e ter grande elenco, apesar do final patético um pouco insistente.

A Embrafilme era dividida em superintendências. Uma vez o filme pronto, a Sucom, Superintendência de Comercialização, via e avaliava o produto. Esther Kitahara na época era titular da Sucom. Administradora pública, Esther era ou tinha sido recentemente a esposa do Luís Gonzaga de Luca, cineclubista, também administrador público. Ambos paulistas, excelentes profissionais e trabalhadores. Esther vislumbrou no Lua a possibilidade de um sucesso de público, e como a Sucom tinha boa disponibilidade financeira, ela aportou razoável volume de recursos para compra de mídia na Globo em horário nobre. Várias inserções em vários programas. Ela acreditava no filme, desenvolvemos juntos todo o "enxoval" do filme: cartaz, cartazetes, fotos, etc. Como é sabido, "pão de pobre cai com a manteiga pra baixo", 45 dias antes do lançamento, a Esther é derrubada pois, além de mulher e paulista, ousava pensar por conta própria. Sobe para a diretoria da Sucom o cineasta Paulo Sérgio Almeida. Lentamente dei-me conta da mudança de clima na Embrafilme em relação ao *Lua*. O lançamento vai sendo, inicialmente de maneira sutil, mas depois abertamente, esvaziado de recursos e empenho da Sucom.

Num primeiro momento tentei manter o otimismo e conquistar o Paulo pela atenção e simpatia, mas ele não se deixa envolver e "quebra as pernas" do filme, reduzindo a verba de mídia a bem menos da metade do inicialmente acordado. A situação deteriorou de tal maneira que na última reunião que tive com ele, percebi que a Embrafilme era muito bem organizada. Eu, em pé, e ele na mesa dele. Peguei a mesa para virar de cabeça para baixo e descobri que as mesas

Set noturno da festa do casamento de *Lua cheia*

na Embrafilme eram pregadas no chão. Sábia precaução. Não me permiti esmurrá-lo, mas me arrependi depois de não tê-lo feito. Mas isso já são águas passadas, pois já faz mais de 20 anos e hoje o Paulo Sérgio de Almeida defende o cinema brasileiro tanto quanto eu fazendo um excelente trabalho de data-base com seu informativo Filme B.

Apesar de esvaziado o lançamento na reta de chegada, *Lua cheia* foi lançado com 40 cópias e teve desempenho acima do razoável.

Cartazete do *Lua* para o mercado internacional

A hipocrisia nacional no ritmo de Lua cheia

Além de ter sido escolhido o melhor filme (com direito a uma passagem de ida e volta a Frankfurt), ficou também com os prêmios de melhor ator (Lima Duarte), trilha sonora (Arrigo Barnabé) e roteiro (Isa Castro, Fernando Cony Campos e Alain Fresnot).

Adaptado da peça teatral "Sr. Puntilla e seu criado Matti", de Bertold Brecht, o filme se passa nos três dias que antecedem o casamento de conveniência que vai unir o dinheiro de Lia (Lúcia Alves) e o prestígio de Montez (Roney Fachinni). Guimarães (Lima Duarte), o pai de Lia, é um dos pesos-pesados do empresariado nacional, mas é alcoólatra. Quando bêbado, toma atitudes opostas às do homem público, duro e inflexível. Por conta das suas bebedeiras, ocorrem inúmeros transtornos, como a invasão de sua fazenda por um bando de bóias-frias. O auge desses transtornos é o casamento da filha, que não se consuma, e encaminha o filme para um final épico e patético.

Lua cheia, o primeiro longa-metragem de Alain Fresnot, discute os problemas da sociedade brasileira de hoje, sem ser enfadonho ou sociológico.

Utilizando uma linguagem irônica ao lado de uma leveza propiciada pelo tom de comédia, o filme aborda aspectos de nossa complexa realidade, com um padrão de produção técnica e artística comparável ao que de melhor se faz no momento.

Direção, fotografia, música, montagem e um excepcional trabalho de elenco asseguram a Lua cheia uma presença marcante entre os lançamentos de 1989.

Leon Cakof, após assistir o filme na Mostra Internacional de Cinema de São Paulo, escreveu: "o filme do estreante paulista Alain Fresnot é um tratado completo sobre a hipocrisia nacional. É uma inesquecível comédia etílica de humor negro. Mas para ser visto com sobriedade e admiração – pela irônica ótica crítica e implacável do novo talento e pela nova, brilhante e mais uma vez antológica atuação de Lima Duarte. A experiência de ver tamanho sarcasmo na tela será inesquecível. O signo da sempre oportuna modernidade marca mais um filme brasileiro."

Um "cult-movie" que as próximas gerações verão como as atuais vêem as obras de Buñuel.

O Globo
1989

Amor que fica

Tive dificuldade para me familiarizar com a informática que nessa época começava a se tornar incontornável. Vários termos técnicos eram introduzidos no cotidiano. Imaginei um curta-metragem sobre um amor à primeira vista num bar, entre um homem fanático por informática e uma mulher naturalista. Fazia parte da idéia concretizar na imagem as fantasias eróticas de um em relação ao outro, o universo onírico, o tesão do amor à primeira vista. Estando satisfeito com o roteiro, mas inseguro quanto aos diálogos, convidei o Luís Fernando Veríssimo para escrevê-los. Eu não o conhecia pessoalmente mas pelo menos meu sobrenome era familiar ao Luís Fernando, pois meu irmão fez seu mestrado estudando a obra do pai dele e publicou um pequeno livro *O pensamento político na obra de Érico Veríssimo*. Para minha alegria, em três dias eu tinha de volta o roteiro do *Amor que fica* com todos os diálogos.

Filmamos no Piu-Piu, bar do bairro do Bixiga em São Paulo. As fantasias se tornavam realidade: um dos homens olha embevecido pra mulher do outro, e pronto! Ela está num balanço, voando por cima de todo o salão. O outro vê a mulher do primeiro num cabo de aço suspenso. Servindo as pessoas, dois garçons: um que imitava o som da cuíca com a boca, que encontrei servindo num bar. Incorporei este "cuícaman" cuja família tinha vindo de Trieste, Itália. Simpático e simplório, conhecia músicas folclóricas de sua terra, mas não sabia cantar. Convidei Chiquinho Brandão para fazer o papel do segundo garçom e cantar as músicas de Trieste.

Os atores foram a Cristiane Tricerri, atriz do Ornitorrinco, o Eduardo Tornaghi, Rosi Campos e outro jovem, comediante, chamado Fernando Wellington.

Rosi Campos, Chiquinho Brandão e Fernando Wellington.

Amor que fica resultou estranho, baseado no conflito naturalismo/informática, tinha também esses garçons performáticos e as viagens visuais das fantasias dos jovens apaixonados... Chiquinho Brandão também fazia a performance do corcunda cantando a música do gobo. O filme foi pra Gramado em 86, ano de *A espera*, do Luís Fernando Carvalho, em parceria com Maurício Farias, *Dorival encarou a guarda*, do Furtado, Cecílio Neto também tinha um bom filme, safra boa. *Amor que fica* ganhou melhor atriz, que a Rosi dividiu com Marieta Severo, eu ganhei melhor direção. Chico Buarque estava lá, acompanhando a Marieta. Eu não o conhecia pessoalmente, mas me disseram que gostou muito do filme. Talvez sua lembrança do filme tenha feito com que ele aceitasse participar do *Ed Mort*. É possível.

É útil ter um curta de sucesso, ajuda no caminho para fazer um longa. *Lua cheia* tinha sido feito havia dez anos e, como não foi um grande sucesso, eu estava de novo, como diretor, no limbo dos mortos-vivos cinematográficos. O curta, quando é reconhecido e funciona, recoloca o cineasta como potencial diretor contemplado. É assim no mundo inteiro, mas, no formato Embrafilme, com uma só fonte de recursos, eu ainda tinha que fazer fila no corredor, mas com mais chances, por assim dizer.

214

Rosi Campos para cartaz do *Amor que fica*

Amor que fica é até hoje um filme interessante, apesar de menos atual, uma vez que a informática está consolidada, mas valerá sempre pela participação maravilhosa do saudoso Chiquinho Brandão. Neste filme também inventei o conceito de "figuração afetiva" que depois foi utilizado por colegas em outros filmes.

Quatro curtas, todos eles premiados.

Todo mundo tem preconceito com curtas-metragens. Talvez porque fique sempre na cabeça da gente aqueles horrores tipo Primo Carbonari, ou aquela linha "cultural": fotos em sépia de algum escritor imortal, com texto pseudoliterário de fundo. Eu também tinha esse preconceito – pelo menos até o último Festival de Gramado. Foi de lá que saí pensando que o curta está para o cinema assim como o conto está para a literatura. E quem achar que o conto é uma forma menor de expressão pense por exemplo em Dalton Trevisan.

A partir de hoje, os Daltons Trevisans do cinema brasileiro estão em cartaz no Cineclube Oscarito (pça Roosevelt, 184), sempre na sessão das 18 horas. São quatro: Ma quê, bambina!, de A. S. Cecílio Neto (SP); O dia em que Dorival encarou a guarda, de José Pedro Goulart e Jorge Furtado (RS); A espera, de Maurício Farias e Luiz Fernando Carvalho (RJ) – os três que piraram a comissão julgadora, que dividiu entre eles o prêmio de melhor curta – mais Amor que fica, de Alain Fresnot (SP), que levou o prêmio de melhor direção e fez a extraordinária Rosi Campos (a mãe Ubu do Ornitorrinco) dividir o de melhor atriz com Marieta Severo (por A espera).

Ma quê, bambina! – aplaudido em pé em Gramado, com assovios e gritinhos dignos de show de rock – é um clip-documentário alucinado e alucinante sobre Adoniran Barbosa. Com uma montagem rapidíssima, A. S. Cecílio incorporou toda a linhagem de escracho da cultura brasileira, numa colagem que freqüentemente beira à genialidade. Transgressão é a palavra que se aplica também a O dia em que Dorival..., inspirado numa história do gaúcho Tabajara Ruas: o negrão Dorival (interpretação notável de João Acaiabe, melhor ator de curta), em casa, resolve enfrentar os homens e conquistar um banho a qualquer preço. Humor e violência cruzam-se em doses exatas, e o resultado são 14 minutos intensos de segurança e brilho.

A espera – inspirado num dos Fragmentos de um discurso amoroso, de Roland Bathes – e Amor que fica têm em comum a análise do amor urbano – esse, feito de desencontros ou encontros inesperados, acelerado por delírios e fantasias. Em A espera, com bela cenografia e fotografia, Marieta Severo comenta o desencontro de um casal (Malu Mader e Diogo Vilela), num filme irônico, sofisticado e inteligente. E em Amor que fica, dois casais num bar alucinam-se com as possibilidades de erotismo e violência que, partindo da cabeça de cada um, invadem e desestruturam o real. Dessas quatro pequenas obras-primas resta a sensação de que curta não quer dizer necessariamente pouco, raso ou menor. Exatamente como num conto de Dalton Trevisan.

Caio Fernando Abreu
Revista Veja

Caricatura minha em toalha de mesa do Guimas, de Wladimir Weltman

O detetive trapalhão

Depois de *Lua cheia*, fui à luta, procurando um livro passível de boa adaptação, algo que me conquistasse. Foi no Rio de Janeiro, na casa do primo de meu primo, o jornalista Wladimir Weltman, que vi a revista em quadrinhos da personagem do Luís Fernando Veríssimo, *Ed Mort* Procurando o Silva, no traço do Miguel Paiva. Eu ainda estava digerindo a pouca repercussão do *Lua cheia*. O texto me pareceu muito interessante. Evidentemente, precisava mexer, mas conversei com o Veríssimo e finalmente comprei os direitos. Fiquei dois ou três anos batalhando recursos para fazer *Ed Mort*, sem conseguir nada. Venceu o contrato, renovei por mais três anos. A Globo resolveu então fazer um seriado do *Ed Mort* com o Luís Fernando Guimarães. Evidentemente, no contrato firmado eu tinha garantido que o longa-metragem teria preferência em relação às outras mídias, mas a Globo já tinha falado com o Veríssimo que era funcionário da casa. Com isso, ele ficou numa situação delicada, pois certamente tinha uma proposta para ceder os direitos de sua personagem por uma quantia não-desprezível. Ele tinha assinado anos antes, um contrato de mixaria com um desconhecido, eu, que estava "empatando" o negócio com a Globo. Certamente, além dos direitos, ele escreveria também os episódios. Ele me ligou informando o que estava acontecendo. Entendi e percebi seu desconforto, mas, ao mesmo tempo, eu tinha conseguido uma promessa de aporte para a produção. Falando claro, eu não tinha nada, a não ser o orgulho ferido e a garra para continuar tentando. O Veríssimo veio à carga duas vezes: da primeira, eu disse que tinha uma perspectiva boa no final do ano... a esperança de sempre. Pedi mais seis meses, se não conseguisse nesse prazo, paciência, desistiria. Ele pôs a viola no saco, ou melhor, o saxofone. Passado o prazo, eu ainda não tinha nada e ele falou comigo de novo. Senti-me absolutamente constrangido de prejudicá-lo em função de uma obsessão, um sonho. O cinema brasileiro estava morto. Eu não estava conseguindo montar o projeto e não tinha perspectiva.

Cartas de Glauber são tristes como seu final

O correio norte-americano teve uma queda de 30% neste ano em função do aumento do uso do e-mail. Essa tendência deve prosseguir, e isso reduzirá o número de livros e de correspondências publicados no futuro.

Atenção, gênios e não-gênios, imprimam vossos e-mails. A posteridade agradece.

Curiosamente, com o aumento da facilidade e instantaneidade da comunicação, há um reforço na opacidade. Essas reflexões me ocorrem em função da publicação da correspondência de Glauber Rocha, calhamaço de 794 páginas.

O prazer de ler cartas alheias tem algo de voyeur. A carta ao ser escrita para um único leitor, amigo em geral, permite uma franqueza e liberdade que a ficção ou o jornalismo raramente suportam.

As cartas vão e vêm, de 56 a 81, do precoce início ao prematuro fim.

Acompanhar o raciocínio, reflexões e reações de uma pessoa já é em si interessante, e com Glauber é satisfação garantida. É uma extraordinária reunião de informações, análises, delírios e sensações.

Evidentemente a efervescência geral dos anos 60 correspondia e facilitava a inquietação e militância dos jovens. A "turma" do cinema novo – Nelson Pereira, Glauber, Leon Hirszman – não pensava o cinema brasileiro, pensava o Brasil.

Glauber quer seriamente se candidatar a governador da Bahia, Leon pensa lançar um jornal nacional. Glauber propõe a criação de um partido político.

Nelson, um pouco mais velho, tem a sabedoria de se preservar. Glauber e Leon tinham liderança para que, em diversos momentos, estudassem a possibilidade de abandonar o cinema por causas mais "importantes."

Da criação de um forte cinema nacional e popular para a solução dos problemas do Brasil basta uma cambalhota teórica, e eles tinham tal generosidade, tal desprendimento que não me parece fortuito o fato de ambos terem morrido prematuramente.

Quem os conheceu sabe que eles tinham força, coragem e curiosidade existencial; não poderia um HIV qualquer impedir sua sede de viver.

Curiosamente, não há troca de correspondência entre os dois.

É inimaginável hoje em dia a simplicidade com que Glauber tentava produzir filmes para os colegas. Teria o talento algo a ver com desprendimento, generosidade?

Os primeiros anos são de construção e crescimento. Os sucessos consecutivos, as defesas nos festivais internacionais dão a Glauber uma segurança e prestígio que o regime militar envergonhado de 64 a 68 não consegue abalar. Mas há um ponto de inflexão. O cinema brasileiro é um Deus infanticida que se alimenta de seus filhos.

Em 1970, mais ou menos, algo se rompe. Como disse o crítico Paulo Emílio Sales Gomes, pai e guru, o ponto fraco de Glauber era o Brasil. As cartas são extremamente reveladoras das dificuldades com as quais ele se depara; começa uma longa e interminável agonia de projetos interrompidos.

O livro se transforma num livro triste, absurdamente triste. Triste porque sabemos de antemão os finais, o dele e o da esperança de uma geração de criar um forte cinema nacional.

Ao longo das cartas acompanhamos o aumento da cota de tela do cinema brasileiro – 42 dias/ano/sala em 1959, 112 em 70. (Hoje são 35.)

Glauber vai aos poucos se dando conta de sua fragilidade no exílio. Tenta compor com os cubanos, com os russos, com os americanos.

As cartas sucedem, revelando o combate desigual entre um herói solitário contra os dragões da maldade. Para cada "alvo" tenta vender seus projetos, procurando fazer o discurso que supõe apropriado. Mais marxista que os marxistas, tenta manter status de pensador, teórico onisciente e virtuose, muitas vezes ingenuamente.

Várias de suas cartas são patéticos pedidos de socorro, freqüentemente são de um puxa-saquismo atroz, travestido de teoria política ou

cinematográfica. Glauber inclui ou exclui colegas e/ou filmes da "marca" cinema novo em função das simpatias e alianças táticas do momento. Seria cômico se não fosse trágico.

As cartas que faltam, as respostas não recebidas são também significativas. Há várias trocas de correspondência com assuntos seguidos mas há também diálogos longos da maior importância, nos quais só "ouvimos" o Glauber. A sensação é a mesma de ver uma pessoa falando ao telefone, tentamos deduzir a conversa pelas respostas, imaginamos os "planos" que estão faltando.

Nos poucos momentos de paz interior, em que suas cartas não são funcionais, ressurge a inte-

ligência, a sensibilidade, o humanismo e a bondade essenciais.

As cartas que descrevem sua visita a Moscou são riquíssimas, de lucidez e clareza raras. Esses privilegiados correspondentes são seus poucos amigos de infância, a família, Paulo Emílio mais uma vez. O resto é guerra, pau puro. Desespero e crueldade.

Há preciosidades como a carta de João Ubaldo, de 11 de novembro de 1963, que dá conta de teste vocacional feito para conseguir uma bolsa nos EUA.

O volume de correspondência é enorme; o período coberto, muito grande. Como na "Bíblia", em Glauber cada um vai achar o que procura. Há cartas contra a intervenção do Estado, também farto material defendendo a presença do Estado, não só defendendo a Embrafilme, chamada de Cinebrás como em carta de 79 a Celso Amorim, diretor-geral da Embrafilme.

"Gostaria que a Embrafilme desse 200.000,00 a Lima Barreto mas que seu projeto não seja julgado (...) que ele volte para o Rio para filmar "A Triste Vida de Policarpo Quaresma', com todos os meios e toda cobertura (...) Mário Peixoto, mesma coisa: arranjar um produtor executivo (...)

basta lhe dar 50 mil metros de filme virgem (...) gostaria inclusive de, na prática, cuidar desses três filmes, desses três diretores (Lima Barreto, Mário Peixoto e Humberto Mauro), para que eles não morram frustrados."

Glauber prevê coisas, critica os filmes dos amigos com clareza, impiedosamente. Não tendo medo de bater de frente, bateu.

A leitura é fundamental para quem se interessa por nossa cultura, nosso cinema. Para mim, fica a sensação da enormidade do esforço e do talento subutilizados.

É a odisséia desse jovem baiano de Vitória da Conquista, poucas vitórias, mas a conquista mais do que merecida de posição importante na triste história de nosso cinema. Buru... cavador... descanse em paz...

Alain Fresnot
Folha de S. Paulo
Agosto de 1997

Collor de M. ou o fundo do poço

Fernando Collor de Melo, fidalgo da oligarquia periférica do nordeste, tinha dentre suas prioridades a de liberalizar e privatizar a economia, e com isso, resolveu acabar com o cinema brasileiro. O provincianismo, quando descomplexado, pode ser absolutamente simpático, mais até que o cosmopolitismo, que facilmente tende à arrogância, mas, infelizmente, o provincianismo vem freqüentemente acompanhado de ressentimento. Este era o caso. A destruição de anos do esforço dos melhores quadros do nosso cinema foi fácil e total. Esse desmonte das instituições e das experiências adquiridas foi amplamente facilitado por grande parte da crítica que, na grande imprensa, ecoava o discurso privatista e de *laisser-faire* que maquiou e serviu de cortina de fumaça para a destruição do esforço de 30 anos de estruturação do cinema brasileiro. Havia uma forte mobilização privatista. Os grandes orgãos de imprensa faziam campanha específica contra o cinema brasileiro. Felizmente, esse quadro mudou. A paulada foi tanta que falta fazer um estudo mais profundo e pesquisado da campanha de desmoralização do Concine e da Embrafilme, seus agentes, suas causas, etc. tarefa para algum historiador de fôlego.

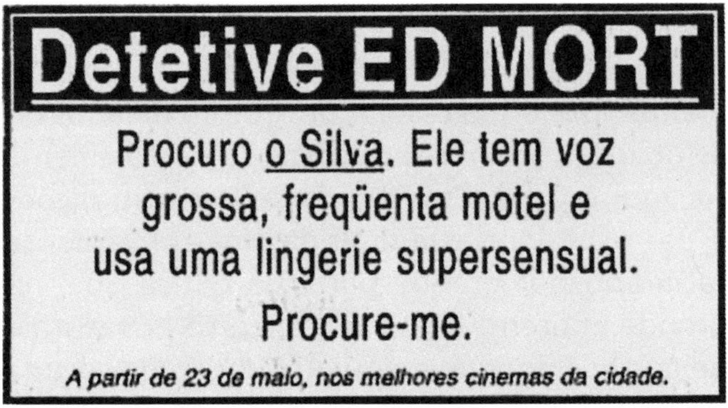
Detetive ED MORT
Procuro o Silva. Ele tem voz grossa, freqüenta motel e usa uma lingerie supersensual.
Procure-me.
A partir de 23 de maio, nos melhores cinemas da cidade.

Teaser

Mudando de assunto

Com o fim do cinema e não gostando de publicidade, fui trabalhar na fábrica de embalagens da família, empresa de pequeno porte, e na época em situação precária. Quando chovia o piso da fábrica inundava. Eu não entendia nada de piso de fábrica, nem de administração, nem de coisa nenhuma. Minha experiência era de produtor e diretor de cinema, mas apliquei meus melhores esforços e isso habilita a fazer praticamente tudo, será? Bom, pelo menos alguma coisa.

Comecei a ler sobre modernização de chão de fábrica, estruturas de trabalho, liderança, *layout* de máquinas, células de produção, etc. Pintei as máquinas para dar um realce. Tentei aprender fazendo. Piso de fábrica, como qualquer outro ramo, também tem suas modas: o Kaisen, o *just in time*. Há inúmeros livros de "auto-ajuda" para gerenciamento de fábrica. Enquanto isso, seguia buscando recursos para *Ed Mort*, mas não havia como. O cinema brasileiro havia ruído totalmente. Toda a "novela" com o Veríssimo que relatarei a seguir foi administrada a partir do escritório da empresa onde eu estava.

Gostei da experiência. A atividade industrial é de resposta rápida, dois e dois são quatro, em cinema nunca é, pode ser menos ou mais, em geral menos. Fiz também contato com um grande fabricante de embalagens na França, que nos vendeu algumas máquinas, para desembaraço das quais fui a Santos. Essa experiência incorporei ao roteiro no qual estou trabalhando agora, *O princesa de Corfu*. Essa vivência de empresa, o contato com os clientes, colocar terno e gravata, hoje me ajuda muito. Percebi que há vida inteligente fora do universo da arte, da criação, menos interessante, mas real.

Uma boa idéia inviável

Nessa época só existia a Lei Marcos Mendonça. Então, tive uma idéia.: "Olha, Veríssimo, já que a Globo quer mesmo o projeto, vamos fazer o seguinte: pede para eles me ligarem, eu vou propor a seguinte triangulação: libero o *Ed Mort* para a TV e eles me ajudam com os incentivos fiscais da emissora para produzir o longa." Minha visão era de que o longa não seria prejudicado pela série. Se a Globo me ajudasse a viabilizar o filme, perfeito, se houvesse uma série, talvez até funcionasse como reforço de divulgação do filme. Durante mais de mês me ligaram, e eu fazendo a proposta: libero a personagem desde que a Globo viabilizasse, com seus incentivos fiscais, o *Ed Mort*. No início dos anos 90 já havia a lei de incentivo fiscal em São Paulo que permitiria à empresa, com muita facilidade, liberar recursos, sem custo, para fazer o longa. Fiquei bem animado pois a coisa parecia prosperar. Difícil imaginar, para quem não é louco por cinema, a emoção de sentir que as coisas começam a se mexer após três, quatro anos de absoluta imobilidade. Uma oportunidade de transformar o filme virtual, que só existe na cabeça, em realidade. É o gelo começando a quebrar, a oportunidade de sair do lugar, depois de longo inverno. Basta ser bom equilibrista e pular miudinho. Cada vez me ligava uma pessoa diferente, subindo mais na hierarquia da Globo. Até que em determinado momento, já era um Marinho ao telefone, não sei qual, mas finalmente este Marinho foi sincero: "Olha, Alain, a Globo não paga imposto, nós somos isentos de ISS, IPTU... logo, sua proposta não tem jeito." Era o fim! Algum tempo depois, o Veríssimo me liga novamente, com o tom de voz sempre educado, porém, um pouco mais seco. Não tive como, finalmente cedi: "Veríssimo, vamos fazer o seguinte: eu vou liberar para fazerem um "piloto", se a série progredir, a gente conversa novamente." Dito e feito: fizeram o piloto, mas parece que o Luís Fernando Guimarães não quis fazer a personagem e a série não prosperou. Foram meses de tensão. Eu tinha que administrar a situação, manter a possibilidade de captação, de realização do filme, na mais profunda crise do cinema brasileiro, e era "devedor" do Veríssimo, e não queria, de maneira alguma, prejudicá-lo. A possibilidade daquela triangulação com a Globo tinha me deixado muito animado, mas enfim não prosperou. A sensação de estar sendo "atravessado" pela TV tendo tido uma boa idéia antes deles, mas sem possibilidade de realização pelos problemas conjunturais do cinema brasileiro, é bastante frustrante. Não seria a última vez que eu ia passar por isso.

Não havendo mais minissérie nem seriado, persistiu a situação surrealista: eu tinha um filme para fazer e nenhuma condição para tanto. É uma loucura, praticamente seis anos para começar a fazer um único filme... Felizmente a transparência e a lealdade do meu encaminhamento com o Luís Fernando Veríssimo garantiram novamente a renovação dos direitos, por mais três anos, o que me permitiu chegar com o projeto à retomada do cinema brasileiro.

Detetive ED MORT

Procuro <u>o Silva</u>. Ele é baixo, às vezes alto, tem bigode, às vezes seios, olhos azuis, às vezes castanhos, voz fina ou grossa.

Procure-me.

A partir de 23 de maio, nos melhores cinemas da cidade.

Teaser

A noite dos desesperados

Com o Collor defenestrado, Itamar Franco assumiu. Político no estilo da velha guarda, populista com tinturas progressistas, seja lá o que isto queira dizer. Itamar resolve atender aos apelos de ressuscitar nossa atividade e organiza o Prêmio Resgate do Cinema Brasileiro, nos moldes tradicionais de concurso público.

Cena das mais patéticas que já vi, dificilmente vou esquecer, retrato da situação do cinema brasileiro naquele momento. A palavra "emblemático", hoje usada pela crítica de baciada, neste caso caberia com propriedade. Tinha havido um vácuo, um buraco-negro de seis anos no qual nada havia sido feito, ninguém havia filmado, nem cinemão, nem cineminha, nem uns, nem outros.

Havia, isso sim, uma sede de produção atravessada na garganta. Como de costume, o concurso público tinha um prazo final para a entrega dos projetos. O edifício da antiga sede do Ministério da Cultura, no Rio de Janeiro, marco do início da arquitetura moderna brasileira, prédio do Le Corbusier, para o qual Oscar Niemeyer colaborou, foi o cenário da inscrição. Poucas horas antes de abrir o guichê, havia uma fila de mais de 300 pessoas. Do Nelson Pereira ao Zé das Couves, todo mundo com seu projetinho debaixo do braço. Parecia fila do INSS, serpenteando pelo grande salão, praticamente todo o cinema brasileiro estava lá, esperando abrir o guichê. Ninguém queria arriscar mandando um boy, todo mundo inseguro. Foi uma coisa pavorosa, dantesca. Se ansiedade movesse montanha, o prédio teria suas estruturas abaladas. Este foi o reinício surreal, o renascimento do cinema brasileiro.

Felizmente, *Ed Mort* foi um dos projetos contemplados, ganhamos uns 500 mil dinheiros com os quais pudemos pôr o filme na lata, isto é, filmar. Fora isso, o que conseguimos não foi muito. A lei de incentivo estava apenas começando.

A Lei do audiovisual

Para *Ed Mort*, a Van Fresnot já estava mais madura como produtora e com isso encaramos a produção sem precisar, como em *Lua cheia*, dos bons ofícios de outra produtora... Era 1995 e a Lei do audiovisual, promulgada em 93, estava começando a se viabilizar. Atento, desde o fechamento da Embrafilme, eu esperava para fazer esta produção.

A Lei do audiovisual foi criada sob a liderança do Luís Carlos Barreto, por isso, passei a me interessar pelo assunto. Assim que fiquei sabendo a corretora com a qual o Barreto trabalhava, pois o mecanismo exige um agente financeiro, fui propor o *Ed Mort*. Para minha surpresa, a Oliveira Bastos, primeira corretora a se interessar pelo mecanismo, havia assinado exclusividade com a LC Barreto. Demorou para que eu descobrisse isso, levou mais de um mês até me "abrirem" a situação de exclusividade. O caminho das pedras era este: eu precisava de um agente financeiro, uma corretora que trabalhasse exclusivamente para a AF, porque já tínhamos intuitivamente o projeto de fazer uma produtora ágil e fértil, recuperar o tempo perdido com o Collor.

Um amigo meu, Roberto Martins, prestava assessoria para um empresário português, dono da corretora chamada Sagres. Expliquei o mecanismo da lei ao Roberto, que agendou umas reuniões com o dono da Sagres. Naquele momento, ainda tínhamos a ilusão de que agentes financeiros faziam efetivamente captação. Comemoramos nosso contrato do *Ed Mort* e nosso *gentlemen agreement* de exclusividade no restaurante Marquês de Marialva, fizemos a aprovação obrigatória na CVM e fomos à luta. *Ed Mort* foi feito com pouco dinheiro, não tínhamos muitos contatos e o mercado estava começando. Posteriormente, a Sagres não honrou o compromisso de exclusividade e, para fazer o filme da Lili Caffé, procuramos outra corretora.

A personagem

Mort. Ed Mort. Detetive particular. Fiz o curso por correspondência. Tive que subornar o carteiro para passar. E a aula sobre como ganhar dinheiro na profissão ele nunca entregou. Tenho um escri numa galeria do centro. O tório eu subalugo. Divido meu espaço com 117 baratas e um ratão albino. O rato se chama Voltaire, porque às vezes desaparece mas sempre volta. Meu escri fica entre uma pastelaria e uma loja de carimbos. Dá para distinguir as duas: os pastéis são os que deixam a mão preta. Minha história? Vim do nada: a cabeça do Veríssimo. Comecei como uma paródia de histórias de detetives americanas, tipo as de Philip ("Enrole a língua quando disser o meu nome, rapaz") Marlowe. Mas Veríssimo me colocou no Brasil. Nunca o perdoei por isso. Minhas loiras são oxigenadas e meu bourbon é paraguaio. Durante algum tempo só saí em texto, depois o Miguel Paiva teve a idéia de me fazer em quadrinhos. Foi do Evandro de Andrade a idéia de me publicar em tiras, no Globo, depois passamos para o J.B. E depois vieram os álbuns, publicados pela L&PM. Direitos autorais eu nem falo, mas podiam ter me deixado ficar com a garota algumas vezes. Curioso: sempre me imaginei do tipo Paulo Betti. Tenho tudo o que o Agnaldo Timóteo já gravou e ainda compro um toca-discos. Minhas frases são curtas como o cano do meu 38, cujo talão do penhor carrego no coldre para qualquer eventualidade. Fresnot? Alain Fresnot? Conheço. Moço de talento. E coragem. Muita coragem. Preciso conversar com ele sobre o final com a garota.

Luis Fernando Veríssimo
Ed Mort – Todas as Histórias
(Editora L&PM – Coleção Pocket)

Preparando o Ed

A história em quadrinhos *Ed Mort* Procurando o Silva, publicada em álbum, é na verdade a coleção das tiras do Miguel Paiva publicadas cotidianamente no Jornal do Brasil ao longo de vários meses. A estrutura narrativa, conseqüentemente, é a de uma gag a cada três quadrinhos. Para o leitor não é problemático o mesmo tipo de gag ser recorrente, já que a tira é autônoma. É natural não haver grande preocupação com a espinha dorsal da trama.

Para um longa-metragem, o trabalho é outro, é preciso dar um corpo sólido à estrutura narrativa, ao roteiro. Como sempre, foram sucessivos os tratamentos e, de tempos em tempos, eu mandava

Teaser

para o Veríssimo dar uma olhada e comentar. Inventei umas coisas aqui outras ali, a personagem do Silva mudando de corpo. Achei que poderia funcionar ter pessoas famosas fazendo os diversos disfarces do Silva. O Chico Buarque aceitou, o Mojica, o Gil, a Marília Gabriela e o Cauby Peixoto. Essas participações se devem à vontade desses artistas de registrar e manifestar sua solidariedade ao renascimento de nosso cinema.

Resolvi montar a boate do filme num ferro-velho. Levantamos uma parede inteira com carcaças de automóvel. O palco era uma balança de ferro industrial, o camarim uma borracharia. O ator/atriz bebe um champanhe vagabundo que fica gelando na banheira da borracharia. Liberdades que tomei na cenografia e que foram engraçadas de fazer.

Inicialmente, para o Ed, pensei no Tom Cavalcanti, mas, depois de uma longa negociação, ele desistiu. Eu já conhecia o Paulo Betti, paulista de Sorocaba. Havia visto várias de suas peças e gostava do seu trabalho. Tinha adorado *Na carreira do Divino*. Então o Paulo, para minha sorte, pôde fazer e foi a opção definitiva. Para um filme com pouco dinheiro, feito na raça, a solidariedade e fraternidade do Paulo foram essenciais. Sou-lhe grato até hoje.

Ed Mort. Storyboard de Libero Malavoglia

A filmagem correu tranqüila, apesar do pouco dinheiro. Eu trabalho com *storyboard*, desenhando previamente o resultado pretendido na tela. Gosto de filmar rigorosamente o que planejo, e faço isso com grande antecedência ou, quando impossível, pelo menos na véspera. Eu trabalhava uma média de 18 horas por dia, dormindo eventualmente no cenário para não perder tempo com deslocamentos. As circunstâncias da filmagem do *Ed Mort* não se reproduzem mais hoje, principalmente para um filme daquele porte.

Havia efetivamente uma sede de filmar, de cinema, isto criou uma solidariedade entre técnicos e produção, permitindo que se filmasse de maneira

Material de porta de cinema

exagerada, até excessiva. Era praticamente uma vingança, estávamos nos vingando dos anos de ócio forçado. A equipe trabalhando de 12 a 16 horas por dia. O filme não tinha dinheiro para pagar hora extra e as pessoas sabiam, mas davam o sangue pelo filme. Foi uma coisa atípica, eu tinha o desafio de colocar na lata um filme com aquela ambição, com enorme variedade de locações, com uma equipe pequena e praticamente sem recurso.

Teria sido absolutamente inviável fazê-lo se fossem aplicadas àquela época as normas de bom senso que hoje valem numa produção normal. Foi uma coisa fantástica, isso permitiu emprestar ao filme riqueza e variedade, mesmo com a precariedade do orçamento.

Paulo Betti trabalhou sete semanas por um salário pequeno, e ele já estava no auge da fama, Chico Buarque, de graça, a Cláudia Abreu também entendeu a precariedade da produção. Enfim, uma ação entre amigos e a militância pela fênix cinema brasileiro.

Nos letreiros iniciais do Ed eu quis, de imediato, introduzir o tema da precariedade e da ignorância. Para isso trabalhei vários dias numa escola de alfabetização de adultos ditando aos alunos as cartelas iniciais do filme, tanto as funções técnicas

Edileusa, a irmã do Ed

quanto os nomes dos técnicos e atores. Meu interesse era tanto pelos erros de grafia quanto pela letra, a forma da escrita. Para meu nome surgiram várias versões e usei três delas, nenhuma certa, nas três funções que exerci. O resultado é hilário. Evidentemente, tive de explicar muito bem explicado a todo o elenco e equipe porque seus nomes seriam grafados erroneamente. Felizmente, todos entenderam a idéia e o resultado funciona. É delicado alterar a assinatura de ator ou atriz, mas ninguém se furtou à brincadeira. Em francês, interpretar e brincar são uma mesma palavra, o mesmo verbo.

Alain, Pedro e Paulo, os três apóstolos

Para a música, convidei novamente o Arrigo Barnabé, que desenvolveu a trilha. Pedi alguma coisa que lembrasse o trabalho do Nino Rota, irônica mas, ao mesmo tempo, com envolvimento. Ele, como de costume, fez um belo trabalho.

Formulário

Justificativa...?

Não tenho, sou viciado...

Nada justifica querer fazer cinema hoje no Brasil, qualquer pessoa em sã consciência fugiria da atividade vendo um simples retrospecto da história do nosso cinema nos últimos anos, mas graças a Deus sou viciado e não estou, como muita gente não está, em sã consciência e trabalha para o renascer do cinema brasileiro.

Precisamos de forte vontade política, do governo e de filmes que tenham impacto e presença na tela.

Abordagem...

A abordagem é a dos filmes de piratas, balançando nas cordas com a faca entre os dentes...

A idéia fundamental é mergulhar a personagem "glamourizada" no insólito e violento cotidiano atual, criando um contraste, ou "apontando" a ficção e a realidade no filme. Aproveita-se desse contraste para criar situações engraçadas e absurdas, e sobretudo possibilitar que ED MORT revele a sua "brasilidade" na maneira de lidar e se envolver com essa realidade.

A idéia subjacente ao roteiro, e que remete a um arquétipo de filme de detetive dos anos 40, é a de que nada é palpável, tudo é e não é ao mesmo tempo. Nada é definitivo ou certo, mas tudo incerto e pantanoso. Só a violência e a miséria são absolutas e reinam soberanas. A proposta é de uma comédia cruel. Diversão perversa.

**Alain Fresnot –
Texto de formulário / Secretaria
do Audiovisual**

Seria cômico se...

Na época, Rubens Ewald Filho, editor desta coleção, tinha conseguido organizar um prêmio para o nosso cinema: o Prêmio HBO do Cinema Brasileiro. Significativo, ele atribuía 100 mil dinheiros, valor nada desprezível, suficiente para terminar o filme. Encaminhei uma fita VHS, com uma versão provisória, a partir da qual o júri do concurso deliberou. O filme foi contemplado. No contrato de premiação havia a obrigação de permitir, junto com o lançamento nos cinemas, uma exibição na TV a cabo. Na época, os assinantes do canal eram cerca de 40 mil. Evidentemente, com a perspectiva desse prêmio, eu não havia me dado conta dos problemas que poderiam surgir. Fiquei contente com a premiação e concluí o trabalho.

O filme havia angariado alguma simpatia. Eu o tinha exibido na cabine da distribuidora Playarte. Otelo Filho, dono da empresa, tinha gostado. Acho que o filme correspondia à imagem que ele tinha de um cinema potencialmente popular e de qualidade. Finalmente, para o lançamento, conseguimos um valor razoável em incentivos fiscais. A pessoa que mais entende de exibição no Brasil é Luiz Gonzaga de Luca. Gonzaga era companheiro do movimento cineclubista e eu o conhecia do final dos anos 60. Ele me deu algumas dicas que teriam sido de grande valia, se executadas. Ele apontou o dia 23 de maio, com meses de antecedência. Naquele ano o dia 23 de maio era o início de um feriado prolongado, e isso aumentaria muito as chances de bom desempenho do filme. Eu vinha da experiência traumática do *Lua cheia* e resolvi me cercar, dentro das minhas possibilidades, das melhores condições para o lançamento do *Ed Mort*.

A Rio Filmes era fraca para lançar o cinema brasileiro, mas tinha feito um grande esforço. Com o potencial do "produto" e a lei de obrigatoriedade, conseguimos marcar umas 25 salas pelo

Tentando alçar vôo nos céus das praias do Rio

Brasil, das quais 14 só no Rio de Janeiro. Eu havia feito um trabalho ambicioso de *marketing* e tinha comprado 140 mil dólares de mídia na Globo. O aviãozinho puxando a bandeirola: "*Ed Mort* vem aí", ficava rodando as praias da zona sul.

Mas, dia 23 de maio era a melhor data do ano para lançar filme, não só o meu, e como nada é simples para o cinema brasileiro, o filme foi pressionado pelas distribuidoras mais fortes e acabou escorregando para dia 6 de junho. O Luis Severiano voltou de Cannes no dia 2 ou 3, fica sabendo que o filme tinha exibição na HBO e tirou todas as casas de seu circuito apalavradas para o *Ed Mort*. Isso, com a mídia já comprada. Evidentemente, ele não abriria também os cinemas do Norte e Nordeste. Fiquei só com as salas da exibição alternativa, do Estação. Perdemos umas 8 salas no Rio de Janeiro. O esforço de comercialização e a mídia na Globo ficaram totalmente desproporcional ao número de casas em que o filme foi lançado. A questão, pelo que pude entender, era que nos Estados Unidos a HBO estava produzindo filmes e não estava respeitando a "janela", isto é, o tempo de exclusividade dado pelos filmes aos cinemas, antes de liberá-los para vídeo ou TV, e ele temia a repetição do fenômeno no Brasil. Talvez com o Ed quisesse dar um recado ao governo, ou ao mercado.

Simpática surpresa do Laerte na *Folha de S. Paulo*

Boicote de Ed Mort

O boicote imposto pela Federação de Empresas Exibidoras ao filme de Alain Fresnot, Ed Mort, é extremamente antipático, nocivo para o cinema brasileiro e revela que tal associação de classe dirige suas baterias contra o inimigo errado. O cinema sempre sonha com uma parceria com a TV mas, quando ela acontece entra alguém para desandar o bolo. Ed Mort foi parcialmente financiado pelo canal a cabo HBO e, em troca, teria uma única exibição na TV no mesmo dia de sua estréia nos cinemas. Amparada na hipótese de que a transmissão televisiva tira público dos cinemas, a federação suspendeu a programação do filme em São Paulo e só não fez o mesmo no Rio porque o bravo circuito Estação manteve suas salas exibindo a produção. Não há porque acreditar que a exibição, num único dia, em canal a cabo tire público do cinema. Nunca foi feita no Brasil uma experiência igual. A mais parecida foi enfrentada por Dias melhores virão de Cacá Diegues, exibido na Globo antes dos cinemas. Na época, Cacá sofreu o mesmo boicote. Mas há muitas diferenças entre uma sessão na Globo e outra numa TV por assinatura. Quem está tirando o público dos cinemas que esta federação tanto preza não é a TV, mas a qualidade das salas que funcionam com projeção precária, som inaudível, higiene ausente e funcionários relapsos. A Federação de Empresas Exibidoras tem muito com o que se preocupar antes de impedir que um cineasta exiba seu filme.

Artur Xexéo
Jornal do Brasil
Maio de 1997

...Não fosse trágico!

Como funciona esse mercado? Para o lançamento não há contrato escrito. A negociação se dá entre distribuidor e exibidor, numa negociação rotineira. Toda semana os profissionais se falam para apontar e marcar quais filmes entram, ficam ou saem de quais casas. Não há nenhum contrato, vale o "fio da barba", a palavra dada. Evidentemente, nenhuma das partes costuma romper o acordado, mas neste caso o dono do circuito simplesmente tirou as casas, quebrando o acordo verbal feito com o distribuidor por um de seus funcionários. Entendo as razões do Severiano, porque poderia haver no Brasil uma tendência a reproduzir o conflito que estava havendo nos Estados Unidos, mas uma exibição na HBO brasileira, que tinha à época só 40 mil assinantes, não causaria nenhum prejuízo real ao lançamento do filme nos cinemas. Além do mais, a empresa dele já havia se comprometido, ele poderia mostrar seu desconforto, comunicando ao mercado o incidente, mas de nenhuma maneira prejudicar o lançamento no cinema. Aquilo foi uma punhalada nas costas, fiquei absolutamente passado. As pessoas que consultei me diziam que eu deveria acionar o Severiano e que ganharia na justiça. Não fiz isso porque, mesmo ganhando a causa, iria gerar inimizade com o maior exibidor brasileiro. Posteriormente, compartilhei com ele várias plenárias no Conselho Superior do Audiovisual e me pareceu um empresário empenhado e, na medida do possível, interessado no crescimento do cinema brasileiro. Mas, à época, foi incapaz de um diálogo, e sua condição de controle quase total do mercado carioca e do Norte-Nordeste, não o incitava à tolerância e ao bom senso.

Ao meu alcance só restava denunciar o ocorrido, e assim mesmo só o fiz discretamente. Fiz, sim, sucessivas cartas ao Ministro Weffort que lavou as mãos ignorando o assunto numa demonstração de tibieza. Reclamei, fiz o que pude e fiquei absolutamente deprimido. Tratou-se realmente de "quebrar as pernas" do lançamento do filme. A Federação das Empresas Exibidoras mandou uma circular para todos os cinemas do Brasil orientando a não lançar o *Ed Mort*. Eu tive acesso a esse documento, esse fax, que depois disseram não ter existido. Houve sim um fax do sindicato recomendando a todos os exibidores que não lançassem *Ed Mort*.

O filme porém foi lançado, mesmo que precariamente, graças às divergências e concorrências naturais que havia entre os exibidores. A simpatia do Otelo, da Playarte, se manteve, o que segurou as posições em São Paulo, apesar de ele também ter recebido o fax pedindo

Vexame da federação dos cinemas com "Ed Mort"

"Ed Mort", o personagem de Veríssimo (foto), virou fita de cinema, com Paulo Betti no papel do detetive das tiras em quadrinhos do humorista. O canal HBO deu uma colher de chá para a produção do filme, em troca do direito de exibi-lo para seus assinantes no dia em que estreasse nas telas, compensação justa e compreensível, em nada prejudicial à carreira nos cinemas, já que se trata de um canal por assinatura.

Foi o bastante, porém, para a Federação das Empresas Exibidoras (vocês sabiam que ela existia?) suspendesse a exibição do filme em São Paulo e tentasse fazer o mesmo no Rio, o que só não conseguiu em virtude da recusa de circuito Estação, que se negou a sabotar aquela produção. Em lugar de se preocupar com espectadores, melhorando as condições de exibição, conforto e higiene nos cinemas brasileiros - vergonha nacional - a tal Federação parece mais interessada em prejudicar quem dá duro par tornar o cinema brasileiro uma boa diversão. Sem necessidade de dublagem ou legendas em português...

Só mesmo dizendo: eta Federação de morte!

Revista Nacional – Jornal do Commércio

cancelamento do lançamento. Tive, também, um apoio do pessoal do cinema Praia de Belas, de Porto Alegre, aos quais sou grato. Eles também foram simpáticos, não seguindo a orientação do sindicato dos exibidores. O fato de ser uma personagem do Veríssimo talvez tenha ajudado. Mas, o filme morreu para todo o Norte e Nordeste e morreu para o Rio de Janeiro. Com esse boicote, o filme ficou próximo da marca dos 100 mil espectadores, mas, com certeza, o Ed permitia uma expectativa de público maior, sem dúvida.

O lançamento de um filme é uma aventura, é como fazer outro filme. Impressionante o número de variáveis, o grau de imponderável. É preciso um parceiro forte, por isso as *majors* são tão importantes hoje. Por isso a Embrafilme era, durante o tempo em que foi distribuidora pública, fundamental. Ela tinha massa, volume e qualidade de produtos, que lhe permitia uma interlocução em condições de negociação com o mercado exibidor. Durante as décadas de 70 e 80, tivemos uma participação média de mercado de 23%. Marca hoje vista como um "pico", atípica, por várias autoridades responsáveis. Para o *Ed Mort*, com uma distribuidora fraca, o adiamento forçado de 23 de maio para o dia 6 de junho também desestruturou a saída do filme.

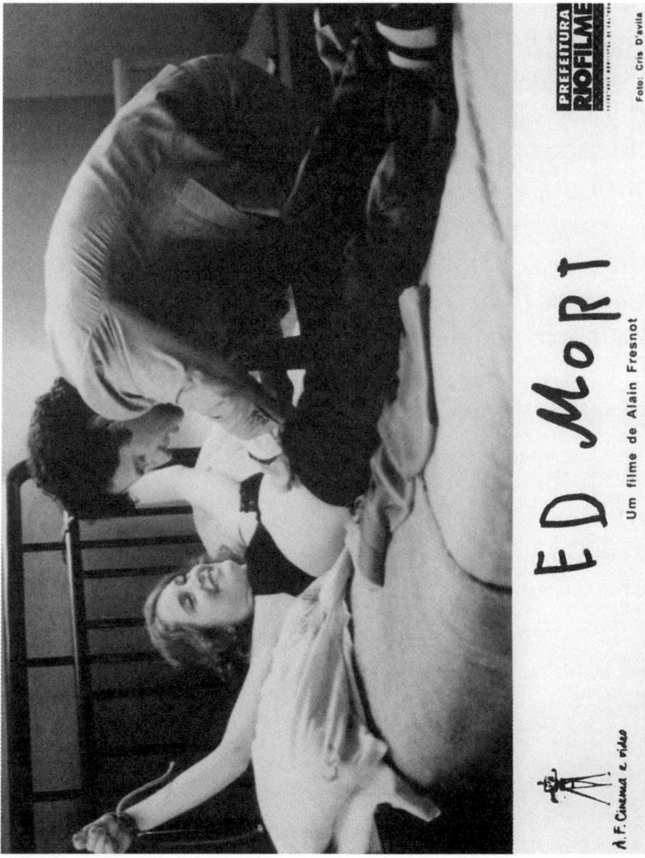

Material de porta de cinema: Cláudia Abreu e Paulo Betti

263

O lançamento de um filme brasileiro é sujeito a chuvas, trovoadas e frio também. No dia 6 de junho de 1997 tivemos a noite mais fria do ano. O filme entrou na sexta-feira e só depois, na segunda, é que iríamos saber se tinha ido bem ou não. Era preciso esperar os primeiros números da segunda-feira para saber o desempenho, um suplício. E na segunda então, entre nove e dez horas da manhã, eu recebi o primeiro telefonema dizendo: "Olha, Alain, foi mal. O filme não foi bem, os números são fracos." Eu já tinha tido o numero de cinemas reduzido, tinha enfrentado a tourada do boicote com fax, cartas e reclamações, havia envolvido o ministro, tudo em

O Silva – Luiza Thomé

vão. Eu estava no fundo do poço. E ainda, para completar, na segunda de manhã me dizem que os números eram ruins. Foi mal. Mas, à medida que as horas foram passando e as informações se desenhando, lá pelas onze e meia, meio-dia, eu recebi um telefonema dizendo: "Olha, não foi tão ruim assim, o mercado como um todo foi mal." O fato é que ninguém foi ao cinema dia 6 de junho, dia de meu aniversário, a noite mais fria do ano.

À tarde, o pessoal da distribuidora já estava soltando foguetes. No comparativo entre o lançamento do *Ed Mort* e dos outros filmes, Ed

Paulo Betti, explicando para o L.F. Veríssimo o que ele queria dizer com a personagem *Ed Mort*

tinha ido bem, poderia se dizer até muito bem! Evidentemente, esses números são relativos. O lançamento de um filme se dá em função de três elementos, o filme em si, a verba de lançamento e a distribuidora, esta vai operar com três outras variáveis: a data, o número de cópias e as demais ofertas do mercado. A combinação destes seis elementos tanto pode valorizar um filme medíocre quanto destruir um bom filme. O produtor brasileiro lança de um a três filmes por ano, o distribuidor mais de quarenta, às vezes até oitenta. Isso faz com que o distribuidor tenha, por dever de ofício, muito mais conhecimento do mercado. A tendência do produtor então é

ouvir com muita atenção as ponderações do distribuidor e dificilmente se contrapõe à estratégia desenhada por ele. Por outro lado, o produtor é o "pai da criança" e como o lançamento do filme é espingarda de um tiro só, a situação é tensa por natureza. Não tem volta, nem perdão! Considerando que saí com uma distribuidora fraca, com pequeno número de cópias, pode se considerar absolutamente digna a performance do *Ed Mort*. Tanto assim que na segunda semana o filme cresceu 20%. É muito raro um filme crescer na segunda semana de exibição, mais raro ainda crescer 20%, sinal de que efetivamente o filme tinha fôlego, tinha bom "boca-a-boca." Poderia ter ido muito bem se não tivesse sido decepado no Rio de Janeiro, Norte e Nordeste. A terceira semana prometia um crescimento maior, só que na terceira semana entrou Jurassic Park e Ed saiu apesar do crescimento de 20%.

Em 97, já não vogava a lei da dobra, da época da Embrafilme, segundo a qual o exibidor não poderia retirar um filme de cartaz se estivesse fazendo mais que a média do semestre anterior. Hoje, mesmo um filme nacional em crescimento pode ser tirado para abrir espaço para outro qualquer. Essas são as regras do jogo.

Em defesa de Ed Mort

Como é que pode ser ruim um filme do qual se ri do início ao fim? Por que tem que ser considerado ruim um filme que tem ótimas interpretações, muitas piadas engraçadas, uma trilha sonora de primeira e um roteiro que se sustenta até o fim? Talvez porque este filme seja nacional, e o brasileiro ainda não se acostumou a ver com mais naturalidade nossas produções. Talvez porque no processamento do ato de assistir aos filmes se tenha cristalizado, nos nossos olhos e mentes, uma estética hollywoodiana – teríamos assim a complacência de rir de meia dúzia de piadas de Eddy Murphy, achando bom, recusando uma história dez vezes mais engraçada, só que de Ed Mort.

Filme brasileiro tem o dom de despertar polêmica, no mais das vezes devido a preconceitos favoráveis e contrários. Os "contras" em maior número, muito por causa desta cristalização da estética americana. Tem gente que tem vergonha de Carlota Joaquina ou Tieta, cobram à esquerda e à direita de filmes políticos como O que é isso, companheiro? De Ed Mort, dizem que é péssimo, condenam-no a pior que os Quanto mais idiota melhor da vida.

Na sessão de Ed Mort que assisti quinta-feira passada, a menor sala do Usina Unibanco estava cheia de gente normal que riu o tempo todo. E com razão. As piadas são muito boas, muito boas. É texto de Luis Fernando Veríssimo, curto, seco, inteligente, mordaz no mais legítimo estilo de humor do brasileiro, que ri de si mesmo, que se autocritica sem piedade. Como a estrutura se baseia em tirinhas, cenas neste formato se sucedem, garantindo gargalhadas de cabo a rabo.

Está certo, o filme de Alain Fresnot não é nenhuma obra-prima, o ritmo cai em alguns momentos, a trama é hilária mas nada de genial, o clima de noir parodiado nunca tem vez. Mas a interpretação de Paulo Betti por si só já vale a ida ao cinema. Ele encarna com talento, graça e veracidade o avacalhadíssimo detetive criado por Luis Fernando Veríssimo. Sozinho já seria um show, mas tem ainda Cláudia Abreu perfeita no papel da apresentadora infantil clonada das Xuxas, Angélicas, Maras e Elianas da TV brasileira, com direito àqueles figurinos surreais. E Ary Fontoura, Otávio Augusto, Ari França, Irene Ravache e Rosi Campos em ótimos desempenhos.

As participações especiais são o maior achado do filme: como a história policial gira em torno da procura de um desaparecido, o Silva, mestre em disfarces, ele aparece ora na pele de Chico

Buarque, ora de Cauby Peixoto, ora de Luíza Thomé, mas sempre devidamente dublado. Nossos ídolos da MPB entraram no jogo de Ed Mort com a seriedade possível e ajudam a fazer do filme um entretenimento agradável e divertido para quem souber relaxar e não for mal-humorado.

Clara Arreguy
Estado de Minas
Maio de 1997

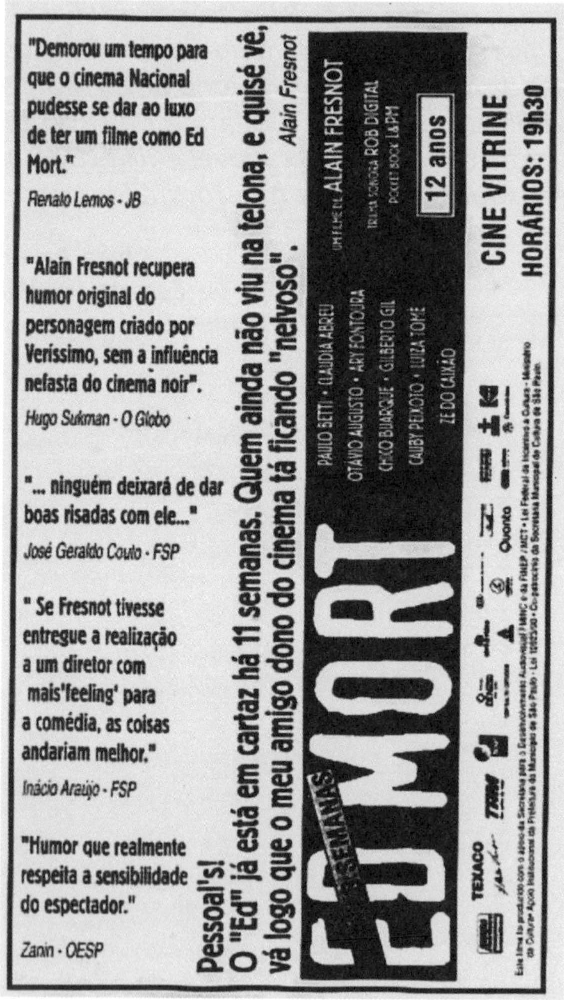

Depois de 11 semanas em cartaz, um reforço para o último horário, na última sala

Autópsia

Ed Mort poderia ter feito 500, 600 mil, pois tinha potencial de público, como ficou demonstrado em 2005 com a exibição na TV Globo. Às onze e meia da noite, o filme deu 17 pontos de audiência. É preciso dizer que em 1997 a situação era pior do que é hoje. Enfim, foi uma segunda experiência frustrante de lançamento, pois os dois filmes tinham potencial, permitindo uma leitura popular e outra mais sofisticada.

Da compra dos direitos do *Ed Mort* até o lançamento, foram nove anos! Meu cérebro deveria ser guardado para a ciência, depois de minha morte, claro, para estudo, tentando descobrir o que há no lugar dos neurônios.

Paulo Emílio definiu como uma das características perversas do subdesenvolvimento a sub-utilização de seus talentos. Ele estava se referindo ao Glauber Rocha. Mas, independentemente do talento, e sem temer ser cabotino, eu visto a carapuça. No período de nove anos eu poderia ter feito 3 ou 4 longas.

Ed Mort é um Macunaíma sem esperteza

Ed Mort, filme de Alain Fresnot baseado nas histórias de Luis Fernando Veríssimo, não desagrada o espectador. Tem boas piadas e bons atores (Cláudia Abreu, Paulo Betti, Ari Fontoura, Irene Ravache, etc. etc.).

Mas, ao mesmo tempo, não pude evitar uma série de frustrações. Algumas por culpa do próprio filme, outras nem tanto. Procuro sistematizar o que venho sentindo.

Há uns dois ou três anos, mais ou menos, registrou-se uma espécie de "renascimento" do cinema nacional, depois da destruição promovida pelo governo Collor. Filmes como Carlota Joaquina, Lamarca, Beijo 2238 e Sábado conseguiram razoável sucesso de público.

Parece que entramos numa segunda fase do cinema pós-Collor. Pequeno dicionário amoroso, O que é isso, companheiro? e, agora, Ed Mort apresentam-se explicitamente como filmes comerciais, buscando o êxito que seus antecessores imediatos obtiveram meio sem querer.

O resultado é uma perda de tensão, de seriedade, de estranheza, e uma perda até no quesito "deboche", coisa em que o cinema nacional sempre foi especialista. O filme de Alain Fresnot pretende ser uma paródia dos clássicos policiais de Humprey Bogart; é entretanto uma paródia bem comportada, sem deboche tropical, sem corrosão.

Nos filmes de Bogart, nos romances de Raymond Chandler e Dashiell Hammet, o detetive particular sempre se envolvia num caso complicadíssimo, passava a maior parte do tempo iludido por uma mulher fatal, e terminava recusando, em nome de sua integridade e do seu caráter, as vantagens do sexo e do dinheiro.

Aquele detetive era um herói incorruptível, que terminava dizendo, por modéstia moral: "Não passo de um trouxa, um fracassado." Mas o leitor, ou o espectador, sabia que não era assim. Na verdade, ele era um herói; perdia tudo, os dólares e a loura, porque não se corrompia.

Ed Mort não é um herói que, recusando corromper-se, brinca dizendo que é trouxa. Ele é trouxa mesmo. E só por isso não se corrompe. No final do filme, ele sai como perdedor. Mas não é o perdedor bogartiano, hollywoodiano, que na derrota afirma seus ideais; é perdedor por que bobeou.

Tudo isso poderia ter uma justificação, a saber: como estamos fazendo paródia do cinema norte-

americano e como somos brasileiros, essa idéia de herói incorruptível tinha mesmo de ser negada. De modo que não estamos gozando apenas os norte-americanos, mas também, os brasileiros.

O filme padece dessa ambigüidade. Goza dos brasileiros quando pretendem ser bogartianos; mas com isso faz mais um espetáculo de autopunição do que de paródia. A derrota de Ed Mort significa: "Seria melhor se ele fosse mais esperto"; a derrota de um Bogart significa: "É melhor ser derrotado e acabar sabendo que me fizeram de trouxa."

Atende-se com isso a um apelo comercialíssimo e muito ideológico. Como no Brasil só os espertos se dão bem, é uma péssima idéia não ser esperto. Isso os filmes de Hollywood também diziam. Mas, como nos filmes a idéia de ser herói é glorificada, e isso era uma idiotice, trataremos brasileiramente de gozar o heroísmo. Ed Mort é assim um Macunaíma sem esperteza.

O filme poderia tornar esse "Macunaíma sem esperteza" um símbolo do brasileiro médio, ao mesmo tempo indignado e tolerante, malandro e iludido. Poderia ensinar-nos, de modo brechtiano, a rejeitar esse personagem.

Mas como é um filme comercial, explicitamente comercial, desistiu desse caminho. Todas as falhas formais de Ed Mort podem ser explicadas a partir daí.

É um filme que abusa dos close-ups, como notou Inácio Araújo. Sentimos que Paulo Betti ocupa exageradamente o espaço da tela. A razão para isso é literal: não quer ter distância do personagem, não quer criticá-lo.

Os detetives bogartianos eram homossexuais enrustidos: recusando-se às seduções da mulher fatal, terminavam solitários. O tempo todo, em Ed Mort, há uma rejeição ao homossexualismo; é esse o único ponto de honra, a despeito de várias brincadeiras e ambigüidades, em que Ed Mort não cede por princípio, e não por ser trouxa.

Tudo se resume ao familiar. E é assim que o filme recorre a aparições reconhecíveis: Chico Buarque, Gilberto Gil, Cauby Peixoto, Zé do Caixão surgem na tela, como a dizer que tudo é reconhecível, que estamos em família.

Do mesmo modo, Ed Mort é incapaz de resolver cenas de tensão real. Quando o protagonista é atirado de um avião em pleno vôo, sua salvação por pára-quedas de passagem dá motivo para uma cena fraca, boba, falsamente estetizante. "Estamos em casa", parece dizer o filme o tempo todo. Um país onde podemos gozar dos nor-

te-americanos porque eles são heróis e de nós mesmos porque somos idiotas. Mas que paródia é essa, que confirma a nossa própria cretinice?

No começo do filme, o protagonista acorda comendo um pastel. Coisa muito paulista. Mas então as aventuras de Ed Mort deveriam terminar em pizza, para indignação do público.

Não, o filme não termina em pizza, nem em heroísmo derrotado. Termina em conformismo do anti-herói. Ed Mort não se corrompe na história do filme. Mas o filme Ed Mort se corrompe ao buscar um sucesso comercial sem problemas, que só repita o bordão ideológico do momento: todo brasileiro é trouxa, mas não tem muito do que reclamar a esse respeito, com uma Cláudia Abreu por perto.

Marcelo Coelho
Folha Ilustrada
Junho de 1997

Ed Mort não é paródia e quer tratar os personagens com proximidade

Caro Marcelo, há muito eu esperava ler sua crítica sobre o "Ed." Admiro seu trabalho e, em geral, concordo com suas observações, de maneira que, apesar de não estar de acordo com sua avaliação do "Ed", é um prazer fazer, a partir de sua crítica, algumas reflexões e observações sobre o filme e o seu texto.

Escrevo sem a pretensão de gerar polêmica ou qualquer outra forma de promoção do filme. Faz falta um efetivo diálogo entre o realizador e o crítico, desvinculados das respectivas funções e injunções profissionais.

Se lhe escrevo, repito, é por absoluto respeito ao seu trabalho e à generosidade e acuidade intelectual que percebo nos seus escritos, o que me leva às reflexões que tomo a liberdade de submeter-lhe.

Inácio "descobriu" que o filme é tratado em planos fechados!!! Ele aponta um tratamento diferenciado dado ao personagem de Ed em relação ao da Cibele. Atribuo a aceitação acrítica da observação do Inácio a algo que nós, cineastas, somos muitas vezes acusados: corporativismo.

Gosto de trabalhar com storyboard. Conseqüentemente, o filme é todo desenhado previamente – esse material está à sua disposição, como dele também, para verificar que o tratamento dado ao Ed e à Cibele é vigorosamente igual. Daí inferir que a proximidade é um artifício para não se distanciar criticamente do personagem; é uma ilação possível, mas equivocada.

O filme tem a proposta de tratar e trata a todos os personagens com proximidade. Isso se deve a uma tentativa de apuro na decupagem, de manter a atenção do público e gerar uma proximidade e possibilidade de identificação com o Ed, com o delegado corrupto e gay, com o travesti, etc. A proximidade se deve também à minha formação de montador, e já estava no meu filme anterior, Lua cheia, *que lhe recomendo, o que, acredito, ajudará a alterar sua primeira leitura do "Ed", iluminando-a um pouco mais.*

Seu texto aponta inicialmente o filme como uma tentativa de paródia dos clássicos norte-americanos – nada mais distante do que me propus. Minha pretensão foi justamente não dar nenhuma importância a isso. Pessoalmente, não vejo nenhum interesse nesse tipo de exercício.

Você pode apontar a distância existente entre o que se quer e o que se faz, mas em sua análise, por falta de conhecimento mais preciso sobre a produção, faz generalizações equivocadas. São "preparadas" para alcançar o resultado do raciocínio previsto. Explico:

1- O "beijo" do Walter Rogério não tem nada a ver com o renascimento do cinema brasileiro, é um filme que nasceu no apagar das luzes da Embrafilme em 88, contemporâneo de Lua cheia.

2 – Ed Mort nasceu em 1991, quando comprei os direitos do personagem, no mais profundo dos "poços" em que o cinema brasileiro se meteu. Conseqüentemente, essa segunda dentição do cinema "pós-Collor" que você "parece" querer definir é algo exclusivamente aparente.

O Ed Mort parece uma grande produção, mas isso graças ao esforço e abnegação da equipe. Se o filme tem grande elenco, é graças à compreensão que os atores e atrizes têm da importância da existência do cinema brasileiro e a algo que eu chamaria de "efeito Camuratti": a vontade que várias pessoas tiveram, como Chico Buarque, de saudar e marcar posição favorável à existência do nosso trabalho no Brasil.

Quanto ao lançamento, esse existe, extra "Unibanco", porque conseguimos, via Lei Mendonça, recursos para dar visibilidade ao filme.

Você põe num mesmo patamar filmes com "pedigree" completamente diferentes, unindo "fenômenos" absolutamente desiguais: um filme de US$ 3 milhões de produção e distribuição de uma major a um filme feito inicialmente com recursos de um concurso público, que recebeu US$ 260 mil para começar e tem a Riofilme como aliada!!!

Ao iniciar a análise a partir de um pressuposto equivocado de que o filme nasce como comercial, junto com a idéia de que se propõe à paródia, seguem-se desdobramentos que não fazem honra à sua "criticografia." Destaco mais uma discordância, e não menor: Não me parece que o filme seja anti-homossexual. O Ed é, como representante do "machismo" reinante, mas o filme tem um olhar extremamente carinhoso para "Dayse" e para o delegado Mariano. Se o autor não acredita na humanidade de seus personagens, como pode pretender que o público acredite? Acho que esse "carinho" pelos personagens é que passou a impressão de que "estamos em família." O que pareceu um oportunismo, na verdade é uma tentativa de "amoralismo."

Outro ponto em que, me parece, você procurou "pêlo em ovo" é o do avião: na história em quadrinhos o Ed caía no braço do Cristo Redentor, no Rio de Janeiro, dizendo: "Milagre...." Evidentemente, em São Paulo, só tínhamos o

Borba Gato, que não funcionaria. A solução encontrada não me parece a pior, pois o filme se dá outras liberdades correspondentes: crianças viram salsichas.

Muitas pessoas têm apontado a acidez da crítica implícita na personagem da apresentadora infantil e na corrupção do delegado uma crueldade e ausência de concessões que correspondem à imagem que faço do filme. Não é uma questão de saber se o brasileiro é trouxa ou não, esse tipo de generalização é sempre falso.

O Ed, ao perder a confiança em Cibele, tem a capacidade, a coragem e a iniciativa de traçar um plano de ação ou reação, como queira, e levá-lo a cabo. Infelizmente seu poder é menor do que o dos outros, e ele tem o bom senso de saber seu limite.

Por último, sua crítica é toda reflexiva sobre o cinema de Hollywood, porque a citação de Casablanca está no final do filme como uma simples "gag" a mais, mas com a pretensão implícita de dizer: "trouxemos e resolvemos o filme até aqui, até o fim, sem precisarmos de 'paródia', mas agora pode."

Depois da última "provocação", renovo minha simpatia pelo seu trabalho. Penso que errar é humano, tanto para o cineasta como para o crítico.

Depois de quase 30 anos militando no cinema brasileiro, já acompanhei muitos e sei que a trajetória do crítico corresponde mais ou menos a três fases. A primeira em que, sendo um "amante" da sétima arte, ele se julga portador das "soluções" e vê o cinema brasileiro com incômodo. Como incomodava aos adolescentes aquele índio mendigo no ponto de ônibus em Brasília.

Na segunda fase, pela qual nem todos passam, o crítico inteligente começa a desconfiar que há mais coisas entre o céu e a terra do que sonha sua vã filosofia, que o cinema brasileiro é feito no Brasil, e começa a se inteirar das questões estruturais que determinam as nossas criações. Alguns se filiam, esteticamente, a essa ou aquela corrente de realização, como Jairo Ferreira, Rubens Biáfora ou Jean-Claude Bernardet, para citar exemplos bem variados. O crítico é também objeto de "corte" permanente de distribuidores e televisores. Há que apontar ainda o quanto o crítico trabalha "filando" a crítica alheia. É absolutamente espantosa a diferença entre a crítica do Rio de Janeiro e a de São Paulo. No Rio, a quase totalidade considerou o filme entre bom e ótimo, aqui em São Paulo, de ruim a regular.

A derradeira fase é quando o crítico é mudado de editoria, passando para Economia, ou é congelado a longo prazo, fazendo resenhas. Isso pode ser demais para certos "egos", principalmente quando houve uma tentativa anterior de ser cineasta. A tendência, nesses casos, é a mesma dos adolescentes de Brasília, não importa se é índio ou mendigo, mexeu, taca fogo...

Infelizmente, críticos do nível de Paulo Emílio Salles Gomes não surgem a toda hora. Ele analisava um filme e respondia a pergunta básica à qual todo crítico deve responder: é pra ver ou não é pra ver o filme? Sempre era pra ver.

Caro Marcelo, espero ter a oportunidade de fazer outros filmes para sua atenção, que em geral é mais do que uma crítica, é uma análise cultural. Poucas pessoas têm a coragem de se expor e assumir suas opiniões e posições. Sem "puxação", não é à toa a importância e espaço que você ocupa na Folha, mas permita-me citar mais uma vez Paulo Emílio, que dizia, a respeito do Glauber Rocha, quando este errava numa previsão: "O dever do profeta não é acertar, é profetizar." Eu diria: o dever do analista é analisar, não acertar. Do amigo Alain Fresnot.

Alain Fresnot
Folha Ilustrada
Junho de 1997

Van, Mariana e Alice em Portillo, Chile –1997

Copo meio cheio ou...

O investimento em cinema via Lei do Audiovisual vinha crescendo desde 1995, cada ano melhor que o anterior. No final do ano passado a arrecadação caiu mais de 50% e 1997 foi o auge da curva. E em 1998, o início de uma queda irreversível? Ainda é cedo para afirmar. O ano passado foi bem difícil: eleições, Copa do Mundo, crise na Ásia e na Rússia... qualquer um desses fatores isolado já seria uma explicação suficiente para a queda da aplicação. Mas, apesar da conjugação de todos eles, a captação alcançou quase R$ 40 milhões. Isso, no meu entender, prova que o copo está meio cheio.

Além de elementos externos ao sistema de incentivos da cultura, problemas internos também explicam essa queda acentuada. A limitação a 4% do IR passível de utilização pela empresa, das leis Rouanet e Audiovisual combinadas, criou uma competição fratricida entre as artes, absolutamente nefasta. Há urgência em se rever isto, permitindo o retorno da renúncia fiscal de 8% (5% da lei Rouanet e 3% da Audiovisual) ou algo próximo a isso. Caso contrário, continuarão a competir no mercado produtos completamente diferentes. A preocupação quanto à alíquota poderia ser compensada com um teto de renúncia global por parte da receita.

Embora justa, a extensão a várias áreas da cultura do incentivo a 100% dentro da lei Rouanet também foi um fator de fragilização da arrecadação da Lei do Audiovisual.

Outra limitação é a progressiva criação de "Institutos Culturais", que afasta grandes contribuintes da Lei do Audiovisual. O aumento da alíquota global resolveria o problema. Dada a efetiva importância cultural dos institutos, este é um tema "quente", mas é preciso proteger o produtor independente de uma concorrência esmagadora.

A abertura da Audiovisual para tevês Educativas também gerou intranqüilidade, pois além dos benefícios que a lei permite, as TVs estão dando "bônus" aos investidores na forma de inserções na sua programação.

Para se dotar de uma indústria automobilística, o Brasil triplicou os custos de importação dos automóveis. Em poucos anos, tínhamos forte produção local. Cinema é arte, mas é indústria. O Brasil importa R$ 600 milhões de audiovisual (cinema e vídeo) e exporta R$ 35 milhões, contribuindo substancialmente para o déficit da balança comercial.

A Lei do Audiovisual não substitui uma política ampla e estrutural que crie bases sólidas para a atividade, mas é uma das alavancas desta política. É urgente a regulamentação da exibição e a criação de controles de distribuição de fitas em vídeo, medidas que garantirão um retorno ainda maior aos sócios dos filmes.

Produções como O quatrilho, Central do Brasil, Simão, o fantasma trapalhão e Ed Mort foram garantia segura, para as empresas, de retorno do investimento feito ou parte dele. A possibilidade de lançá-lo como despesa operacional é fator importante de captação, portanto, não há porque mexer nisso agora. Em compensação, vários outros pontos podem ser aprimorados na lei e em torno dela, aumentando para 1999 o investimento nacional em cinema e a garantia do investidor.

Pela sua própria natureza, a Lei do Audiovisual envolve nas empresas os profissionais de marketing e do financeiro, que nem sempre sabem distinguir produtoras e projetos. A liberalidade do sistema fez com que mais de 440 projetos de ficção fossem aprovados até hoje. De fato, só pouco mais de 100 captaram o suficiente para ficar prontos e ir ao mercado. Exclusivamente com critérios técnicos é possível e necessário reduzir substancialmente o enorme número de "pára-quedistas" que não têm capacidade de captação e de realização, prejudicando os bons diretores e produtores. Há um aprendizado a ser feito, que deve se basear evidentemente no histórico da empresa produtora e nos profissionais envolvidos.

Como se observa em qualquer lei, a experiência adquirida torna possível avaliar e fazer correções de rumo. A Lei do Audiovisual não é a salvação do cinema brasileiro, mas um instrumento eficiente.

É preciso lembrar que nem toda temática é "digerível" pelas empresas. Filmes com temas "polêmicos" ou "políticos" são de difícil colocação, ainda mais com a redução progressiva das empresas públicas. O MinC pensa na criação de uma carteira de produção dirigida para este segmento. Isso é urgente.

Apesar de tudo, pode-se dizer que a Lei do Audiovisual já "ancorou" solidamente no mercado. Em quatro anos, tirou o cinema brasileiro da inexistência absoluta, permitiu a realização de um grande número de filmes, levou o Brasil a concorrer ao Oscar por três vezes e várias empresas já estão recebendo o retorno financeiro que a lei permite.

Apesar das dificuldades, a Lei do Audiovisual, por sua simplicidade, eficiência e retorno efetivo, certamente vai captar em 1999 mais do que no ano passado.

Avaliações catastróficas ou precipitadas lembram a história da babá que, ao jogar fora a água suja do banho do bebê, jogou o bebê junto.

Alain Fresnot
Marketing Cultural
Maio de 1999

Uma noite não é nada

O argumento de *Uma noite não é nada* tem o amor e a aids como tema. A aids veio unir novamente a liberdade sexual e a morte, que a penicilina e o avanço cientifico tinham separado. A revolução sexual dos anos 60 terminou. Isso marcou minha geração, formada num ambiente mais permissivo e libertário.

Para escrever *Uma noite...* convidei o Jean-Claude Bernardet que me disse trabalhar sempre com um assistente. Sugeri que fosse *uma* assistente, dada a importância das personagens femininas no argumento. Ele chamou a Sabina, aluna que estava acabando de se formar. Começamos a trabalhar os três no roteiro.

Uma noite não é nada é a crônica da vida de um professor de física, sessentão, em exercício num curso supletivo de classe média baixa. Lecionando há 30 anos,está próximo da aposentadoria. Casado com uma ex-diretora de colégio do Estado aposentada, ele "enlouquece" e se apaixona por uma menina que o provoca em sala de aula. Forçando situações, passa a assediar a menina.

Ela é drogada, *junkie* e soro-positiva. Ele, obcecado, a encontra "chapada", com uma seringa pendurada no braço em sua *kitchenette*. Ele então "se aplica" para ficar no mesmo nível dela. Tempo. Ele começa a emagrecer, fica doente e pára de dar aulas. A mulher e a filha ficam preocupadas. Ele já não vê a jovem, e aí, assistindo a um jogo de várzea, desmaia, caindo da arquibancada. Um motorista de táxi o leva para o hospital e chama sua mulher. Ele, numa lenta agonia, pede à esposa que localize a menina. A mulher começa então uma busca para encontrar a adolescente, não sem dificuldade, pois a menina não mora mais no mesmo lugar.

É um filme agridoce, que tratará do amor, o amor enlouquecido do professor pela menina, o da menina pelo professor, mas, principalmente, o amor da mulher que se dispõe a sair atrás da menina pela noite. O filme trata da pequena classe média e lida com um problema difícil. É difícil vender um projeto deste para a iniciativa privada, não é impossível, mas é difícil.

Sempre imaginei e penso fazer este filme em preto-e-branco. É também um bom projeto para captação de imagens em digital, possibilitando mais agilidade e menor custo. Trabalhamos muito nesse projeto, e simultaneamente havia o projeto de *Desmundo*.

Depois do roteiro de *Uma noite não é nada*, começamos, Sabina e eu, a escrever *Desmundo*.

A corporação e o cinema paradaço

A linguagem é curiosa, certas palavras se carregam rapidamente de novos significados. Nem sempre inocentes, essas mudanças têm a marca dos grupos que as criam ou que desvirtuam as palavras de seus significados primeiros. Tivemos, criação da direita feroz, o "subversivo."

Subversivo era o oponente ao regime, o "outro." O subversivo era a encarnação do mau brasileiro, do antipatriota. Nada de bom poderia se esperar de um subversivo. O uso repetido e geral do adjetivo praticamente desumanizava o cidadão, colocando-o à mercê de qualquer arbitrariedade, e nada mais natural do que torturar um subversivo.

Sem a mesma eficiência, como sempre, a esquerda também operou suas mágicas com a linguagem. Tivemos o "reacionário." O "reacionário" era antes de mais nada um burro, nenhum lampejo de inteligência poderia ou deveria ser esperado dele.

Demorou um tempo para que a esquerda, quase toda, acabasse se conformando de que um reacionário pensasse e que ele pudesse, ó horror... ser talentoso.

Hoje se abusa da palavra "corporativo", que quer explicar muito, mas, no fundo, esconde a mesma preguiça mental dos casos acima.

Quando não se sabe muito bem o que está incomodando, quando não se quer enfrentar um problema, acusa-se o proponente de corporativo.

É uma palavra boa, não muito usada, misteriosa o suficiente para enviar muitos a uma consulta ao Aurélio, sutil acusação que pode ser gravíssima.

Em alguns casos, essa acusação suprema e irrecorrível é justificada. O inchaço do Estado ou outro motivo qualquer pode gerar distorções que levem certas categorias a colocar seus interesses acima de outros maiores do desenvolvimento do país. Seria o caso do cinema brasileiro?

No nosso caso, a acusação de corporativismo tem sido fruto de má-fé, desinformação ou "demofobia."

O direito de existência do cinema brasileiro é constantemente questionado com base em argumentos que denotam as simpatias políticas de seus porta-vozes.

Com Collor tínhamos a política do livre mercado, a idéia básica era a da falta de importância, da desnecessidade absoluta do cinema brasileiro.

Era a elite obtusa, culturalmente indigente no comando.

Hoje, graças a Itamar Franco e a um mínimo de legislação de apoio à produção, temos um renascer do cinema no Brasil.

Essa legislação, toda baseada em renúncia fiscal, está permitindo a realização de vários projetos, mas não se pode deixar exclusivamente à iniciativa privada a responsabilidade da cinematografia que vai nascer, pois cinema não é só negócio, é também arte e cultura, formação e informação.

Parte da elite mais moderna, jornalistas, cronistas chiques e curiosamente até alguns cineastas, se sentem incomodados com o cinema brasileiro e trabalham para impedir o fortalecimento e a instalação definitiva da atividade de produção no Brasil.

Dentre os seus argumentos, está o de acusar os cineastas de corporativos.

Outro equívoco, não menos pernicioso, é o de pôr em confronto o cinema de "produtor" com o cinema de "autor", como se o último fosse o grande culpado da incompetência do Brasil em se dotar uma indústria do audiovisual.

O raciocínio é o seguinte: o cinema brasileiro não tem público porque é de autor, conseqüentemente a figura do produtor seria o provedor do contato entre o cinema e o público. O produtor sabe o caminho das pedras, portanto todo poder ao produtor. "Seria cômico se...." No cinema brasileiro predomina quase sempre o diretor/produtor como a mesma pessoa, quando não são marido e mulher ou pai e filho, e assim foram feitos os maiores sucessos.

Essa é hoje uma falsa polêmica. Com raríssimas exceções, todo produtor sabe que cinema é com o autor.

Longe de ser unida e estar consolidada, a "corporação" que torceu pelo Quatrilho no Oscar é incapaz de formular um projeto para o cinema brasileiro. Apesar da boa vontade do ministro Weffort, que é sensível à importância do cinema, a precariedade com a qual nos debatemos e o estado de indigência a que o cinema brasileiro foi levado fizeram com que a categoria perdesse completamente o rumo e esteja essencialmente paralisada.

Essas considerações podem parecer estranhas nesta hora de "euforia", de retomada da produção, mas sem uma série de medidas urgentes esta fase "bacana" que estamos passando será como tantas outras mais um ciclo, nome elegante dos vários "surtos" do nosso cinema ao longo de sua história.

Se isso serve de consolo a alguém, alguns países desistiram de ter uma cinematografia. Outros a defendem como podem, e em geral não podem.

Pessoalmente prefiro o cinema italiano, mas a França é um dos poucos países que consegue defender sua produção a ponto de ter sido objeto de profundo desentendimento com os Estados Unidos quando das últimas negociações do Gatt.

Na França, em 95, 30% dos ingressos vendidos foram de filmes franceses. É uma marca excelente se comparada a outros países da Europa; no Brasil, mal chegamos a 5%. Para efeito de comparação, diga-se que no tempo da Embrafilme chegávamos a quase 50%. Ainda na França em 1995, foram produzidos 141 longas-metragens, graças a um conjunto de medidas.

Desde o fim da 2ª Guerra, o Estado francês intervém, harmonizando os interesses freqüentemente contraditórios de exibição, televisão e cinema. Dentre as várias leis que viabilizam a produção francesa, está a de obrigar as emissoras de televisão a investir 3% do seu faturamento em cinema (20% no caso de TV por assinatura).

Para o ano de 1996, o CNC, a Embrafilme deles, investirá US$ 480 milhões no cinema. Desses, US$ 350 milhões virão do faturamento das TVs e US$ 130 milhões são oriundos de taxação sobre o ingresso vendido.

Hoje temos em funcionamento uma câmara setorial da indústria do audiovisual, antiga reivindicação da "corporação" no sentido de sugerir soluções para a atividade.

Essa câmara setorial já inviabilizou o ingresso padronizado como fonte de recursos para a produção, ao manter a autorização de impressão dos ingressos com a federação dos exibidores. Ainda na França, outros US$ 20 milhões são oriundos do mercado de home vídeo para o desenvolvimento do cinema. Tais recursos não são só para a produção, há uma preocupação com a memória, as cinematecas, a conservação das salas de exibição e a manutenção de salas eventualmente deficitárias nas comunidades e bairros menos favorecidos.

Temos um longo caminho a percorrer: o nosso cinema só é exibido no "gueto" cultural, nossa lei de obrigatoriedade não é cumprida, não temos sequer levantamento de dados e estatísticas sobre a atividade. A abertura de uma carteira pública de produção está em compasso de espera e a Secretaria do Audiovisual está absolutamente subdimensionada, como aliás o Ministério da Cultura do qual faz parte.

Não se pode pretender uma indústria de cinema hoje em dia se não houver algum tipo de constrangimento à televisão. É impossível, a não ser por imposição legal, fazer um empresário de TV investir US$ 300 mil ou US$ 400 mil em uma produção, se existe no mercado internacional produto semelhante a US$ 20 mil. Tentar conciliar todos os interesses é impossível. O preço é a cabeça do cinema brasileiro na bandeja.

O custo político de manter o cinema brasileiro eternamente claudicante é menor que o de enfrentar poderosos lobbies, mas a conciliação eterna nos inviabiliza.

É o cinema paradaço...

Alain Fresnot
Folha de S. Paulo
1996

Meu hobby, velejando o "eitcha"

Desmundo I

O livro da Ana Miranda encantou-me. Eu vinha de *Lua cheia* e *Ed Mort*, duas comédias, num modelo que admiro e muito freqüente no cinema italiano, buscando conciliar público e crítica. Não há país que pudesse rivalizar com a Itália há trinta anos em quantidade e qualidade de cineastas autores preocupados com o público. Etore Scolla, Mario Monicelli, Lina Wertmuller, para citar só três. *Lua cheia* e *Ed Mort* são fábulas, procuram retratar o Brasil. *Lua cheia*, brechtiano, é sustentado na personagem bipolar. Personagens-função, a serviço da trama, para uma história com pretensões sociológicas e didáticas. *Ed Mort,* também, com personagem cômica para, a partir dela, fazer um painel do país e do seu vale tudo. Aliás uma fábula, evidentemente. Com *Uma noite não é nada* rompi com este formato, querendo trabalhar personagens realistas, naturalistas, que levassem a trama.

Em *Desmundo*, vi dois aspectos muito interessantes: a possibilidade da construção narrativa estruturada a partir dos sentimentos e ações da personagem, e, simultaneamente, um painel do começo da colonização brasileira.

Falei com a Ana Miranda e assinamos o contrato. Um contrato de três anos, que igualmente teve de ser renovado. Era um filme ambicioso, com orçamento de cinco milhões de reais. Daí começamos a trabalhar na adaptação do livro.

Leque

Os cinéfilos agradecem.

★

O diretor Alain Fresnot comprou os direitos e o livro "Desmundo", de Ana Miranda, vai virar filme.

E-mail joyce@uol.com.br

 Joyce Pascowitch – *Folha de S. Paulo*

A problemática do emblemático

A relação entre cineasta e crítico é sempre tensa. Quando incensado, o cineasta, certo de que o crítico foi perspicaz, pensa que este nada fez além de sua obrigação. Quando o filme é destruído, o cineasta rumina seu ressentimento achando-se injustiçado.

Alguns anos atrás, a clivagem ideológica, esquerda e direita, facilitava a vida do diretor. Os críticos de direita, numerosos e bem-instalados, desprezavam o cinema brasileiro. Isso dava certa comodidade, facilitando ao diretor a boa consciência, enfim, se o crítico não gostava do cinema nacional, não poderia mesmo entender e gostar do seu filme.

Hoje, toda a crítica dos grandes centros e das grandes publicações (com exceção da Revista Veja) entende a necessidade industrial, a importância cultural da existência de uma forte produção e analisa os nossos filmes a partir daí.

Mas, dito isso, os sucessivos trancos que a produção sofre, o mercado dominado pelo produto importado, o vaivém dos poderes públicos em relação à atividade, mergulham os críticos no centro de várias polêmicas e da própria sobre-

vivência da atividade. Isso certamente dificulta seu trabalho.

Raras são as vezes em que o crítico descobre algo inusitado, "ilumina" algum aspecto do filme para o qual o diretor não tinha atentado. Quando isso ocorre, é um dos momentos agradáveis da produção.

As críticas de Paulo Emílio Salles Gomes, com seu enfoque "sociopaternalista", eram sempre lidas com prazer, cheias de humor e perspicácia.

Nós, diretores de cinema, acompanhamos a crítica por dever de ofício e mantemos um relacionamento e uma proximidade que nem sempre permitem total franqueza. A propósito, a recíproca é verdadeira. As pessoas são sensíveis, eventualmente mal-humoradas, e os bares da moda não são tantos assim, conseqüentemente é melhor ser polido.

Daí que, aproveitando o confortável uso das generalizações e essa longa introdução, peço aos críticos alguns favores. Julgo-me no direito de fazê-lo, uma vez que, se lhes obrigo a ver meus filmes uma vez a cada quatro ou cinco anos, leio suas críticas diariamente.

Um cacoete difícil de digerir é o famoso "como" ou "do calibre de."

Explico: na frase "O filme Central do Brasil é interpretado por atores como Fernanda Montenegro, Marília Pêra, Othon Bastos", pergunto: são eles ou atores como eles? Se são como eles, são parecidíssimos e estamos diante de um caso grave de apropriação de imagem pública. Chamemos a polícia. Se a idéia é ressaltar a importância de Fernanda Montenegro, Marília Pêra e Othon Bastos, é necessário? Deve haver uma maneira melhor, enfim...

Outra desagradável construção que vejo com muita freqüência é a que chamo de "arco imaginário." Na frase: "Carlos Reichembach usa recursos que vão de um Furlini a um Antonioni." Que que é isso, minha gente?, como dizia um famoso, comentarista de futebol...

Que varal é esse que vai de um a outro e quem se pendura no meio? E vejo isso em não poucos textos! "Sétima arte", felizmente só em jornais do interior. Mas "rodagem."... rodagem é triste, rodagem é estrada asfaltada no interior da Bahia!

Adjetivo é como resfriado, frieira ou mau humor, vai pegando, vai passando de um em um. É como moda. Estou pacientemente esperando passar a do "emblemático", mas não passa, não quer passar de jeito nenhum. Por favor, chega de "emblemático"! Freqüentemente vemos publicada uma frase que não dissemos ou uma reflexão que não fizemos, isso infelizmente acontece e é compreensível. O jornalista quer "arredondar" um conceito, provar alguma tese pessoal, enfim que sei eu? Todos somos humanos, mas "emblemático."..Se existir um almoxarifado das palavras da língua portuguesa, no departamento de crítica cinematográfica, certamente o estoque de "emblemático" está no fim, pelo menos assim espero.

Alain Fresnot
O Estado de S. Paulo
Março de 2002

Lili e Kenoma

Depois de fazer e lançar *Ed Mort*, tendo aprendido a operar com a Lei do Audiovisual, a Van e eu começamos a ser procurados pelos realizadores. É normal o realizador independente estabelecer alianças para realizar seu filme, eu havia feito isso para *Lua cheia* com Assunção Hernandes. Tivemos uma primeira solicitação da Eliane Caffé para Kenoma, que decidimos produzir.

A Lili tem enorme sensibilidade e, como todo bom cineasta, a obstinação, sem a qual ninguém pode pretender ser diretor de cinema. Eu tinha o *Desmundo* e começamos a trabalhar simultaneamente nas duas direções: a captação de recursos do Kenoma e do meu filme. Lili, evidentemente, tinha um grau de solidariedade com a Van maior do que comigo. Uma produtora e um diretor, um casal em crise, e um filme de fora, isso, evidentemente, era causa de conflito. Para falar em bom português: eu tinha ciúmes da atenção maior que a Van estava dando à Lili, e para a Van estava mais ou menos claro que ela queria sua independência. Talvez, não fosse totalmente consciente, mas havia uma vontade de afirmação, uma competição. Um nó de mal-entendidos e ressentimentos.

Nunca me pareceu ser problemático um casal trabalhar junto. Mas a Van tinha a sensação de ser usada no trabalho. Sentimento este que eu, simplesmente, não conseguia entender, pois ela se beneficiava tanto quanto eu de nosso trabalho. Mas, a partir destes sentimentos, tivemos uma primeira crise. Ela saiu de casa, mas não da empresa. Eu fiquei com a Lili, os dois trabalhando, me cabendo "tocar" o filme dela.

Se relacionar com diretor estreante é sempre complicado, enfrentei isso como montador. Como produtor também não é fácil. O diretor de primeiro filme é valorizado pelos produtores no

cinema industrial. Há uma busca pela juventude, em parte para garantir sinergia com o público do negócio cinematográfico que, entre 15 e 25 anos, compõe 95% dos ingressos vendidos. No cinema de produtor é também mais fácil o controle, pois, em geral, o diretor estreante está mais disposto a fazer concessões contratuais e estilísticas. Os produtores também buscam uma estética "modernizante" que freqüentemente se revela, algum tempo depois, formalista. Nós, cineastas, cultivamos também a juventude como elemento de marketing, em oposição aos cineastas consagrados das gerações anteriores. Minha geração fez isso, éramos, para efeito da crítica, a jovem geração do cinema paulista da Vila Madalena.

Eliane Caffé e Mariana Lima

Há também o fato de que cada geração de críticos se identifica com a sua geração de cineastas, valorizando-a, isso é natural. Como o cobertor é curto, as gerações do cinema brasileiro dão estas cotoveladas para abrir seu espaço, correndo atrás dos parcos recursos.

Mas a Van e eu fomos produtores de autor, o que implica um respeito maior pela criação e participação do diretor.

Depois de um tempo, a Van voltou à produtora e produzimos o filme da Lili. Kenoma é muito interessante, o conflito é interno à trama. A Lili é muito impregnada do arcaico, do pré-capitalismo, isso está presente em seus dois primeiros filmes. No Kenoma, esta questão é equacionada, talvez ainda rudemente por ser seu primeiro filme, mas como conflito real.

Em Narradores de Javé, o arcaico é dado como absoluto e inconciliável com o mundo moderno representado pela barragem.

Estou curioso para ver como a Lili com seu humor delicioso e formação em psicanálise, e o Luís Alberto de Abreu, companheiro de dramaturgia, vão prosseguir e superar esta inquietação com um "paraíso perdido" arcaico, no qual os conflitos seriam inexistentes. Narradores aponta para esta superação ao desmistificar a personagem do José Dumont e com isto valorizar a realidade e sua inexorabilidade. Interessante também notar que estas duas fábulas se iniciam da mesma maneira, com uma travessia de águas para um outro "lado", o que funciona bem para justificar a não vigência da modernidade, de suas lutas de interesses e necessidades de engajamento, ou simplesmente seriam o ingresso no mundo da fábula, como preferirmos.

Muita calma nessa hora

O governo tem a seu favor a simpatia esmagadora da maioria dos cineastas. Mas, como os demais ramos de atividade econômica, o cinema brasileiro aguarda com ansiedade e esperança a definição de políticas para o setor.

Como os mais variados setores da atividade econômica, o cinema brasileiro aguarda com ansiedade e esperança as primeiras definições de política do novo governo para a atividade.

Os exercícios de futurologia são muitos, mas fato é que não há ainda como prever o rumo concreto que a intervenção estatal na atividade terá daqui pra frente. As experiências de administrações petistas em andamento há alguns anos em estados e municípios podem dar algumas pistas: há compreensão da necessidade da existência do cinema nacional. Houve, em alguns estados, o esforço, com as entidades de classe, de estruturar esquemas de produção regulares e eficientes.

Mas os verdadeiros problemas e as verdadeiras soluções passam pelo Palácio do Planalto e pelo Congresso Nacional, daí a expectativa com o novo governo.

Quando Itamar Franco assumiu e autorizou o renascimento do cinema, por concurso público, estava dando o pontapé da retomada. Passamos sete anos nos debatendo no Ministério da Cultura que nunca foi o foro apropriado para tratar da implantação de uma indústria. As leis de incentivo fiscais tendo resolvido parcialmente a dificuldade de produção, patinamos durante anos quanto a várias questões essenciais. Levamos os oito anos de governo Fernando Henrique para consolidar a presença pública do nosso ressuscitado cinema e, apesar da simpatia evidente do quase ex-presidente, só o apagar das luzes do mandato conseguimos reestruturar um órgão público para a atividade.

Isto é sinal claro de que só simpatia não basta e de que, se há interesses conflitantes a administrar, o melhor caminho é a negociação.

De fato, podemos dizer que há dois aspectos: o problema do cinema brasileiro, caso clássico de indústria nacional, há 100 anos tentando se instalar em seu próprio mercado e lutando com armas desiguais contra um gigante; e o problema do cinema no Brasil, que se traduz no fato de que só há 1600 salas no país e que o público do cinema no Brasil é de 7%. É a exclusão social, o baixo poder aquisitivo, enfim, a impossibilidade de exercer o seu direito ao lazer.

Claro que o aumento da base, número de salas, trará reflexos positivos para a atividade, mas são dois problemas separados, de dimensões diferentes e que requerem soluções independentes. Pode haver a tendência, e isso se sente em algumas autoridades do PT paulista, de desqualificar as demandas da produção em decorrência da brutal exclusão social da população, do não público. Seria algo como: "Não vamos produzir arroz, pois não há supermercados."

Outro risco iminente é, em razão das reiteradas críticas às leis de incentivo, atropelar os mecanismos existentes, desestruturando o que está de pé, sem antes estruturar um sistema alternativo de produção. Isso poderia acarretar nova paralisação, trágica neste momento.

Só pessoas de má vontade, cujos interesses, estejam sendo contrariados poderiam dizer que os produtores não têm feito a sua parte. Os filmes estão aí.

O novo governo tem a seu favor a simpatia esmagadora da maioria dos cineastas. Há esperança de que o governo Lula seja o da implantação definitiva do cinema brasileiro.

Os interesses conflitantes podem ser administrados com bom senso. Pessoalmente, vejo como definitivamente positiva e extremamente importante a ênfase dada pelo futuro presidente ao planejamento de longo prazo.

A Ancine, agência da atividade, apesar das restrições que o novo governo possa ter ao sistema "agências", é acentuadamente importante e qualquer redução de poder ou de recursos pode pôr a perder o esforço continuado de implantação e estruturação do cinema brasileiro.

É fundamental a presença dos ministérios da Economia, do Planejamento, das Comunicações, além, é claro, do da Cultura e das Relações Exteriores no planejamento e na fixação de metas para o setor. O novo governo deve propiciar ampla negociação entre os setores da atividade, ouvir a todos, mas fixar meta de longo prazo. Por exemplo, 25% de participação do cinema brasileiro no mercado total em 2006, e dar-se os meios para tanto.

Os recursos são poucos, mas os custos para a indústria do cinema também não são exorbitantes. O principal será a sinalização que as primeiras medidas tomadas darão.

É fundamental o diálogo com as entidades, de imediato manter o que tem funcionado – leis de incentivo, Ancine entre elas – e introduzir um dado novo, planejamento de médio prazo, entendimento das questões, obstinação e rigor no cumprimento do proposto. Enfim, muita calma nessa hora.

Alain Fresnot
Correio Braziliense
Novembro de 2002

O diretor e o autor

Uma das grandes vantagens da profissão de diretor é a de, a cada filme, mergulhar num universo diferente, numa realidade específica. Para *Desmundo*, tive a oportunidade de pesquisar bastante o século XVI, a colonização brasileira. O livro da Ana é, em si, um universo fantástico de informações. Ela é extremamente cuidadosa em seus romances históricos, mas, para a cenografia, arquitetura, objetos e outras coisas específicas da imagem, eu teria de buscar mais dados. Da mesma forma me estimulou no estudo a necessidade de sentir-me seguro quanto à compreensão geral do período. Posso dizer que li boa parte do material acessível. Entrevistei pesquisadores: Anita Novinsky, Manuela Carneiro da Cunha, e fizemos, Sabina e eu, o roteiro em aproximadamente dez versões sucessivas.

Mas, uma questão ainda permanecia: que língua as personagens iriam falar? Decisão difícil, fui postergando. Em certo momento, resolvi pedir à Ana Miranda que traduzisse os diálogos do roteiro do *Desmundo* para o português arcaico, pois o livro tem incorporado vários termos da época. Foi uma decisão equivocada que deu margem a alguma confusão. O autor é o criador primeiro da obra, o que, naturalmente, lhe confere autoridade, uma ascendência moral sobre a história. A relação do diretor com o autor da obra na qual o filme é fundamentado pode ser complicada. Com raras exceções, não se deve roteirizar com o escritor, pois ou ele não entende de cinema e não fará um bom roteiro, ou entende e fará o roteiro dele e não o seu... O diretor tem de ser cuidadoso, o melhor é só uma simples compra de direitos. Comprometer o autor na criação do filme é problema em potencial. Mas, enfim, falei com a Ana, disse que tinha certa urgência, que era coisa simples, só traduzir os diálogos: "Ana, você faz isso, manda pra mim..." e ela: "Faço, tudo bem..." Isso numa

sexta-feira. Na segunda-feira, ela me liga: "Alain, não gostei de seu roteiro, estou reescrevendo o roteiro pra você"! Pânico, meio segundo pra pensar: "Ana, pelamordedeus, não faça isso, o roteiro é esse e eu quero que você só traduza as falas. Quarenta minutos de conversa telefônica, a Ana no Rio, até finalmente conseguir desfazer o imbróglio em que eu tinha me metido. Fechei um acordo: ela faria a tradução dos diálogos do roteiro como opção A, e, como opção B, escreveria o roteiro que ela propunha. Tive que montar um contrato complicadíssimo com toda a descrição do acordo na opção A, a descrição do acordo na opção B e, claro, uma eventual utilização parcial de elementos da versão B que eu pudesse utilizar no filme... enfim, uma complexa arquitetura para deixá-la confortável, mantendo toda minha margem de manobra e liberdade.

De fato, alguns dias depois, chegaram os diálogos traduzidos e o roteiro da Ana. A visão dela do filme: um roteiro interessantíssimo, glauberiano, que começava com uma procissão no convés da caravela, mas impossível de ser produzido dentro da dimensão do filme que eu estava fazendo. Não correspondia em nada ao meu trabalho, meu estilo. Bom, administrado o desconforto, eu estava de novo na estaca zero, pois os diálogos, apesar de traduzidos, não o eram pensando na legendagem do filme.

Tata e *Através da janela*

Tata Amaral havia feito o excelente *Um céu de estrelas*. Tata também é mais intelectual, onde a Lili é intuitiva. A Tata tem uma trajetória de vida mais conturbada, perdeu tragicamente o companheiro e pai de sua filha. Ela, com o *Céu*, conquistou a crítica e é representante de sua geração, com espaço e projeção merecidos.

Montar financeiramente o projeto dela foi fácil, em comparação com os outros. Conseguimos, num momento raro da lei de incentivo, financiar o filme dela praticamente só com recursos do Banco Banespa. Foi também excepcionalmente rápida a obtenção desses recursos. Resolvi exercer minha função de produtor e, numa leitura pública do roteiro no auditório da *Folha de S. Paulo*, saltava aos olhos que o ator teria dificuldade com o papel. "Troca, Tata, ainda está em tempo." Isto meses antes de filmarmos. Mas a Tata foi fiel ao compromisso assumido, pois tinha apalavrado com o Fransérgio. O filme não teve a repercussão de *Um céu de estrelas*. Claro que isso não se deve exclusivamente ao ator, há, na minha opinião, um desajuste em *Através da janela* que decorre do fato da preocupação central da Tata ser a da condição feminina. Ela abdicou, conscientemente, creio eu, do rigor sociológico.

328

Tata Amaral e Laura Cardoso

A Tata estava mais interessada em acentuar o lado psicanalítico da relação homem-mulher dentro da relação mãe e filho, optando deliberadamente pela classe média um pouco mais alta justamente para dificultar uma compreensão simplória, ou mecânica dos comportamentos. Creio que esta estratégia, este movimento, apesar de corajoso, não foi "pagador."

A trama que ela engendrou corresponde à realidade de uma classe média mais baixa do que a cenografia e a locação deixam pressupor.

Concluindo, no meu entender, este deslocamento prejudicou muito *Através da janela*. É essa questão que deixa o filme menos interessante e rico do que *Um céu de estrelas*. Este capta muito de sua incrível força no fato de que as duas coisas se ajustam: o público tem simultaneamente uma compreensão clara de que a personagem masculina quer prejudicar a mulher, num reflexo machista. Está com ciúmes, ela vai para os Estados Unidos aprender, ela está "decolando" sem ele, o que, do ponto de vista sociológico, é extremamente coerente com a realidade social de ambos. A força do filme supera também a fragilidade do ator que faz par com a brilhante Leona Cavali.

Estou certo de que a Tata incorporou as lições deste seu segundo longa em Antônia, retomando suas reflexões sobre a condição feminina a partir de personagens populares, nos presenteará com um grande trabalho. Pena que eu, num equívoco de avaliação, tenha aberto mão da produção do filme, erro do qual me arrependo.

Que língua falar?

Quatro meses antes de começar a filmagem de *Desmundo*, finalmente tomei a decisão de fazer o filme em português arcaico. Eu tinha a referência de um jovem professor, um pesquisador da USP, Helder Ferreira, que tinha trabalhado com o cineasta Luiz Alberto Pereira. Sabina, Helder e eu nos debruçamos sobre os diálogos do filme. Pedi que, para cada frase, ele propusesse três opções em português arcaico. Foi o que fez: pesquisou Gil Vicente e tudo mais que há de registro de personagens populares do século XIV. Sendo muito técnico, em seu *approach* teve o cuidado de separar as personagens. Os portugueses recém-chegados tinham um português mais puro, os com dez, quinze anos de Brasil tinham incorporado elementos indígenas à língua, nuances e variações. Também à época era muito acentuada a diferença de fala conforme a classe social. As pessoas com educação, pouquíssimas, tinham um linguajar; as do povo, outro, um pouco como ainda é hoje na Inglaterra. Diferenças nítidas de expressão. O Helder, atento a estas questões, propôs três formulações para cada frase, pequenas alterações de posição de pronome, de expressões, etc... Eu tinha a expectativa ingênua de que o filme não precisasse de legendas. Como, das línguas latinas, falo italiano, francês, espanhol e português razoavelmente bem, e como o português arcaico tinha forte influência espanhola, eu me sentia em casa. Por me sentir confortável, tive a ilusão de que, um pouquinho aliviado, tudo pudesse ser compreendido pelo público. Como contávamos com a Columbia como distribuidora, minha expectativa era de um grande lançamento. A Van não tinha a mesma ilusão que eu, como diretor, alimentava. Para ela, era evidente que o filme deveria e seria legendado. Hoje, penso que, como o filme iria ser legendado de qualquer maneira, eu deveria ter incorporado uma versão mais pesada do português arcaico.

Depois do Através, eu ainda estava tentando captar recursos para viabilizar *Desmundo*. Surgiu, então, a possibilidade de fazer o filme do Cao, *Castelo rá-tim-bum*.

Castelo rá-tim-bum

Cao Hamburguer trabalhou com sucesso na televisão e na publicidade. Atento à questão do *entertainment*, é menos ideológico, tendo uma formação mais próxima do cinema americano. No trabalho, é uma pessoa mais difícil do que a Lili ou a Tata. Quanto maior o aporte que o diretor traz para o produtor, mais espaço ele tem em todos os sentidos. O Cao estava trazendo um filme grande para nossa produtora. O primeiro longa é a oportunidade para o diretor encontrar seu ritmo e estilo próprios. Vivenciei, em toda a fase de contratação, o estilo decisório do Cao e tenho certeza de que a experiência acumulada com o *Castelo* deve ter tornado seu segundo filme muito mais descomplicado e natural.

A Van, elegantemente, me deu a última palavra sobre fazermos ou não o filme do Cao. E ela sabia que eu acabaria optando por fazê-lo, pois, naturalmente, a partir do fortalecimento da produtora, seria mais fácil viabilizar *Desmundo*. De fato, com o *Castelo* estabelecemos nossa primeira parceria com a Columbia.

Para os padrões brasileiros, o *Castelo* foi um filme grande. Alugamos um imenso galpão em Cajamar, no qual Clóvis Bueno e Vera Hamburguer construíram os belos cenários do filme.

334

Rosi Campos, Sérgio Mamberti e Diego Kozievitch: 6000 anos de história

Apesar do atraso de duas semanas no cronograma de produção, ou talvez por causa dele, o filme ficou excelente. Tivemos recursos suficientes e o Cao foi extremamente competente na escolha da equipe e no *casting*. O jovem Diegho Kozievitch fez admiravelmente bem o papel, Marieta Severo, Rosi Campos, enfim, todos, sem exceção, estão impecáveis. A trama estrutura-se a partir da existência de dois tipos de pessoas, os normais e os que têm poderes. São estes que trazem há mais de seis mil anos a cultura e a sabedoria, vencendo a bruxa com a leitura de um livro. Minha origem judaica não me permite deixar de ver aí uma analogia com a trajetória do povo judeu. Para os que conhecem o filme e podem pensar que estou delirando, lembro o comentário de gosto absolutamente duvidoso que Amir Labaki publicou na *Folha de S. Paulo*, chamando o *Castelo rá-tim-bum* de "A Cabala da Infância."

Mesmo erro que cometi no *Lua cheia*, o único reparo que faço ao filme é a edição do final. Há vários finais, parece que o filme não quer terminar. Equívoco típico de primeiro filme, que, no meu caso, foi mais grave, pois já não era meu primeiro filme.

É incrível como, uma vez mergulhados na edição, é possível não ver. Daí a importância do editor e da figura do produtor dialogando com o diretor.

Sexo, drogas e rock-and-roll

Demora na produção de filmes e frustração no lançamento são difíceis de digerir. Hoje, com a retomada do cinema brasileiro, cineastas mais novos conseguem um ritmo melhor de produção, esperemos que nunca enfrentem um Collor de Mello. Para os cineastas de minha geração foi importante aprender a conviver com essas coisas sem amargura, sem perder o bom humor. Do trinômio do título, como bom extremista, fico com as pontas. Drogas nunca foram meu forte, sou careta, a única vez que experimentei cocaína não foi uma experiência agradável e nunca mais a repeti. Mas, no cinema, o uso de drogas é razoavelmente freqüente, como aliás em vários outros segmentos. As pessoas reagem de formas diferentes à cocaína, algumas não alteram sua maneira de ser, em outras a cocaína reforça o egoísmo de tal forma que o indivíduo fica insuportável. É a droga dos yuppies, da falsa onipotência, em geral, acompanha o oportunismo e, sem trocadilho, o carreirismo. Artistas são pessoas de sensibilidade e, freqüentemente, nas drogas e no álcool buscam superar ressentimentos ou frustrações. As trajetórias de Lima Barreto, de Glauber Rocha, para citar só dois, são exemplos de sensibilidades e de personalidades feridas.

O fim de um casamento

Os cinco ou seis anos de produção intensa foram anos da crise do casamento. Só conseguíamos administrar a produtora à custa de desgaste pessoal e emocional, mas, tecnicamente, funcionava. Os filmes entravam, a produtora crescia, e também nosso conhecimento técnico. Mas o nível de cansaço que isso implicava foi determinante para o rompimento. De minha parte, não era o cansaço do trabalho em si, mas da gestão psicológica, até no momento em que não agüentei mais este nível de tensão. Infelizmente, e como de costume, levei mais de quatro anos para levantar os recursos que permitiram fazer *Desmundo*. Senti, ao longo desse processo, na Van a preocupação em definir-se como produtora executiva autônoma, com uma radicalidade que, às vezes, ia contra nossos interesses comuns. Simultaneamente, nessa época, nossa filha Alice passava por um momento difícil. Esse conjunto de fatores comprometeu uma relação de 26 anos e destruiu o respeito que eu tinha pela Van. Fui evoluindo naturalmente para a busca de tranqüilidade e o casamento acabou. Foi um longo processo, que acompanhou os filmes da Lili, da Tata e finalmente do Cao. Lento desgaste, cada vez mais difícil de suportar. Objetivamente, aparentemente as coisas iam bem. Para *Desmundo*, uma vez conseguidos os recursos, o filme foi bem-feito, e isso deve-se, em grande parte, à Van, mas a solidariedade, a cumplicidade já eram totalmente inexistentes.

O *storyboard*

Não me imagino chegando ao *set* despreparado para enfrentar o dia de filmagem. Verdade seja dita, este é um dos meus pesadelos recorrentes. Gosto de ter tudo o mais planejado possível, daí procurar desenhar o *storyboard* do filme inteiro. Tanto de *Lua cheia* quanto do *Ed Mort* até esse momento, guardo uns esboços ridículos de meus desenhos, mas para este último e para *Desmundo*, contratei um desenhista e com ele fiz um longo trabalho antecipando todos os planos. Isso tem vantagens e desvantagens, ajuda, mas não garante a qualidade de um filme.

Alguns diretores gostam de decupar o filme na hora e, conseqüentemente, incorporar contribuições do improviso de atores e técnicos. Chegam completamente crus ao set e fazem excelentes filmes. Eu, por receio de enfrentar a filmagem malpreparado, gosto de reduzir ao máximo os imprevistos. Só decupo a seqüência depois de definido onde será filmada. A movimentação de câmera e a abrangência da imagem dependem da locação. A casa tem um longo corredor? A cozinha é ampla? Qual a posição da cama em relação à janela? Tudo isso conhecido e definido antecipadamente ajuda a determinar a melhor decupagem, a melhor movimentação de câmera.

Storyboard caseiro do *Desmundo*

Tendo sido montador, durante anos, isto me deu uma boa noção da coreografia, do movimento de câmera em relação aos atores. É impressionante o quanto um enquadramento e um movimento de câmera apropriados podem aumentar ou reduzir o impacto psicológico, a importância de uma ação. A movimentação de câmera sublinha as ações e os sentimentos para melhor ou para pior. Uma mesma ação será filmada por cinco diretores, de cinco maneiras diferentes, o que não quer dizer que não haja uma mais eficiente, mais expressiva.

No caso de *Desmundo*, por não haver nada de pé do século XVI, a não ser algumas igrejas, tivemos de construir tudo. Para o *storyboard* isto é facilitador, pois o controle é absoluto. Nem é preciso esperar os cenários construídos, pela própria maquete é possível o planejamento dos movimentos de câmera.

Storyboard revisto do *Desmundo*, por Yuri Carlos Garfunhez

Filmando *Desmundo*

Para *Desmundo*, tive um trabalho delicado de costura para fazer com que dois diretores de arte, ambos mestres, Adrian Cooper e Chiquinho Andrade, trabalhassem juntos, pois achei mais apropriado ter dois. Discutimos a parte artística, eles dividiram as responsabilidades e começamos a trabalhar várias semanas antes do resto da equipe de preparação. Eu queria filmar em junho/julho, quando, apesar de os dias serem mais curtos, a luz é mais bonita e, principalmente, chove menos. Faz menos calor também, o que para as externas é bem mais agradável e, conseqüentemente, mais tranqüilo.

Projeto cenográfico de *Desmundo*: Adrian Cooper e Chico Andrade.

Essa produção foi impecável. A procura das locações ficou a cargo do Caio Gullane. Para o local de filmagem necessitávamos de grande mata primária. Infelizmente, não é fácil encontrar mata primária hoje em dia. Pesquisamos do Paraná ao Rio de Janeiro, e o único lugar que ainda tinha era a região de Parati. Em Parati, existe a igreja de Paratimirim, em torno da qual poderíamos construir nossa vila, mas a mata é cheia de cicatrizes, olhando atentamente, não se consegue virar a câmera para lado nenhum. Há plantações abandonadas, manchas de erosão, queda de barreiras... É triste de ver. O litoral está infestado também do famoso "chapéu-de-sol",

As meninas desembarcando

a amendoeira, árvore muito confortável para quem tem casa na praia, pois dá sombra espalhadinha, mas que não existia na região no século XVI. Aliás, nem a banana, tampouco o coco, por incrível que pareça. São plantas importadas.

A demora na produção financeira dos filmes de longa-metragem no Brasil fez com que eu fosse atropelado uma segunda vez pela televisão. A Globo conseguiu fazer antes de mim, apesar de eu ter tido a primazia de me voltar para o século XVI, pois adquiri os direitos em 1996. A aproximação das comemorações dos 500 anos do descobrimento acordou a Globo para o interesse em retratar a época, daí a "minissérie " *A muralha* antes de *Desmundo*. Enfim, a televisão tem mais agilidade e a gente demora muito para conseguir colocar um filme de pé. Mas, chega de choro!

Em Ubatuba, há uma fazenda que é um parque protegido. *A muralha* foi feita lá.

Definimos que *Desmundo* seria filmado ali e fomos para lá. Convidamos índios das aldeias de Bertioga ao Rio de Janeiro, bem como alguns do Planalto Paulista, Parelheiros. São índios Guaranis, os índios Tupis que habitavam o litoral foram exterminados. As populações indígenas que vivem hoje pelo litoral paulista e carioca são

Guaranis que voltaram a estas áreas no início do século XX.

Para minha honra, *Desmundo* permitiu o retorno ao cinema da grande atriz Berta Zemel, cuja indicação devo ao Beto Brant. Ela não fazia cinema desde O Quarto, de Rubens Biáfora, em 1958, se não me engano. Cabe registrar ainda a generosidade de Beatriz Segall que aceitou uma participação pequena, como Dona Branca, à qual emprestou seu grande talento.

Mariana, minha filha, dirigiu um sensível *making off* que, entre outras coisas, tem várias repetições

Caco Ciocler e Simone Spoladore

hilárias da cusparada na cara que o Cacá Rosset recebe da Simone Spoladore.

Desmundo deu-me também a alegria de conhecer John Neschling, maestro da Orquestra Sinfônica do Estado de São Paulo, que fez, em pouquíssimo tempo, uma trilha espantosamente apropriada que valorizou muito o filme. Para o letreiro, imaginei o mar de ponta cabeça, plano este causador de desconforto, na medida exata para iniciar o filme, pondo o mundo de cabeça para baixo, o *Desmundo*.

O Brasil sem inocência de Desmundo

"Ninguém é inocente, muito menos tu." Fiquei meio desconfiado quando via a frase nos anúncios de Desmundo, filme de Alain Fresnot. Havia algo de melodramático naquela acusação. Convincentemente, pensei, o anúncio do filme pretende ostentar uma espécie de sabedoria amarga (e fácil) sobre a vida e os seres humanos.

E isso (continuei pensando) sempre atiça a coragem do espectador, que sob a capa de um filme sério poderá mergulhar na baixeza da violência, na malignidade de seus semelhantes não para entendê-los, mas para se congratular com isso.

Podridão geral, portanto! Ninguém escapa. Nem mesmo a virgem e devota portuguesinha Oribela (Simone Spoladore), que aporta no Brasil em 1570, numa leva de órfãs destinadas a casar com os senhores de engenho e provê-los de herdeiros brancos. Lá estava eu vendo o filme. O que será que ela vai fazer de errado?

Quem estava errado era eu. Desmundo é muito sério e dramático, mas nada apelativo. A exemplo de O pianista, de Polanski, é daqueles filmes que não saem da cabeça da gente. Sem dúvida, isso se deve aos horrores, às desumanidades, aos casos de selvageria que são levados ao conhecimento do espectador. Mas o modo de filmar de Fresnot, austero e conciso, não parece querer tirar vantagem emocional daquilo que está sendo mostrado.

Contribui para essa austeridade o fato de que o filme é todo falado em português arcaico. Mal-e-mal pescamos alguma frases reconhecíveis. O uso das legendas num filme brasileiro acentua assim uma impressão de distanciamento e estranheza, de anti-sentimentalismo que talvez não fosse fácil de conseguir com a presença de tantos (ótimos) atores conhecidos pelas novelas da Globo, como Osmar Prado, Beatriz Segall e Débora Olivieri.

A língua arcaica ainda serve, é claro, para marcar a separação entre aquele mundo de colonizadores brutais, de estupradores abençoados pela religião, de escravagistas e de genocidas e os costumes mais brandos dos freqüentadores do Espaço Unibanco de Cinema.

Mas aqui entra a frase fatídica: "Ninguém é inocente, muito menos tu!" – pronunciada por Berta Zemel numa interpretação memorável. Ela é a sogra de Oribela. A moça, ao mesmo tempo carola e independente, tem horror do marido que lhe impuseram. Faz descobertas cada vez mais chocantes a respeito daquele mundo prisional, instintivo e sinistro a que está confinada. Ah, é? Não tenha a pretensão de julgar os outros, parece dizer a sogra: aqui "ninguém é inocente, muito menos tu."

O contraste não poderia ser maior com a famosa sentença que diz não haver pecado abaixo da linha do Equador.

Um dos maiores méritos de Desmundo, sem dúvida, é justamente a visão, comuníssima durante as comemorações dos 500 anos, de que o Brasil nasce da "confluência", da "fusão", do "congraçamento" de três raças, sem contar com a alegria da nudez, do calor tropical, da natureza exuberante, etc...

Não há nada de paradisíaco nem de inocente no Brasil de Desmundo. O que vemos no filme é racismo, intolerância religiosa e opressão. Mesmo as paisagens belíssimas do litoral, nenhum personagem toma conhecimento delas.

O senhor de engenho quer herdeiro branco, por mais que faça filhos com quem bem entender. O papel dos jesuítas, que seria o de impor um mínimo de lei, obediência e constrição moral aos donos da terra, está longe de ser benigno. Tanto o enredo do filme quanto sua cenografia traçam, por vezes, um paralelo entre a sorte da protagonista e as tentativas desesperadas dos judeus de se esconderem da perseguição nazista.

O filme parece descrever uma espécie de "marco zero" da civilização. O jesuíta, que quer educar os índios, livrá-los do cativeiro, etc, recorre ao seqüestro de crianças e à violência contra as mães para conseguir seu objetivo. E, se os portugueses nos aparecem incompreensíveis e cruéis, os índios e negros – cujas falas nem sequer têm legenda – são de uma alteridade total. Seria preciso que índios, negros, os marranos e a natureza tropical "civilizassem", com o tempo, os duros portugueses: tanto o brutal senhor de engenho como a inflexível Oribela terão de se confrontar com o novo mundo.

Tudo correria o risco de terminar de modo apologético: ainda bem que não mais vivemos nesse tempo, ainda bem que esse processo de construção da "civilização brasileira", como até hoje muita gente gosta de dizer, está mais ou menos concluído, ou bem-avançado.

Ao contrário. Desmundo acerta justamente quando se recusa a traçar linhas de continuidade entre aquele passado e o presente. À medida que põe os atores falando numa língua estrangeira, que filma a natureza de forma claustrofóbica, que aposta num estranhamento do espectador,

Fresnot parece rejeitar toda uma idéia de ancestralidade idílica, gilberto-freyriana, que ficou novamente em voga com a celebração dos 500 anos.

Seria muito fácil eleger este ou aquele personagem como vítima e fazer um filme com apelos sentimentais. O incrível de Desmundo é que esses personagens, essas vítimas, de fato existem na história. Mas o filme não dá ao espectador o prazer (eticamente suspeito no Brasil de hoje) de se identificar com elas e esquecê-las em seguida.

Marcelo Coelho
Folha Ilustrada
Junho de 2003

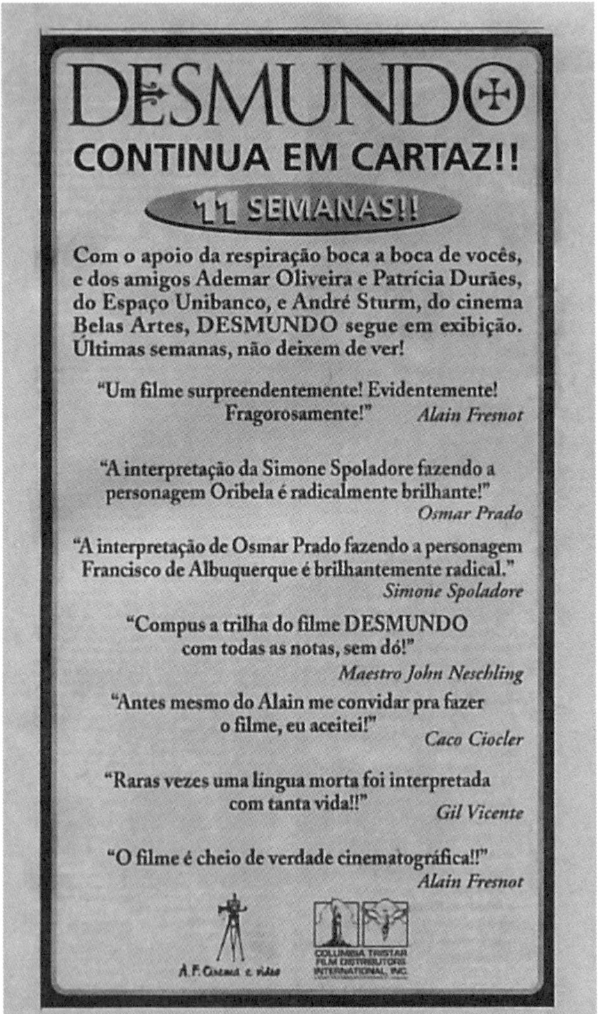

De novo, um reforço na 11ª semana no Guia da Folha

Lançando *Desmundo*

A Columbia não quis entrar na produção, apesar de termos feito *Castelo rá-tim-bum*. Com *Desmundo* editado, fiz uma "cabine", projeção técnica de trabalho e, graças a Rodrigo Saturnino, o filme conseguiu despertar o interesse da empresa. Com isso, foi possível termina-lo e contar com um lançamento totalmente correto. Infelizmente, o filme não "abriu" muito bem, fazendo pouco mais de 500 espectadores por cópia na primeira semana. O fato de o filme ser falado em português arcaico, sem dúvida, dificultou, mas, no fundo, *Desmundo* é um filme árido e sem concessões, o que fez a Columbia perder dinheiro. Pensando bem, o título também é um pouco estranho, não convidativo.

A cenografia e a fotografia deslumbrantes, aliadas às interpretações do elenco, fazem com que o filme seja visto com prazer, das quase cem mil pessoas que assistiram, estou certo que a imensa maioria apreciou. É um filme cult que, tenho certeza, será referência obrigatória como filme de época, e atendeu plenamente a meu anseio de tratar do tema a partir de personagens realistas. Hoje o faria talvez um pouco menos "denso." Tenho cada vez menos paciência e interesse para o aspecto manipulador e "emocionante" do cinema. Não que me fascine a frieza e cerebralidade do Rhomer, por exemplo, mas acho que o cinema deve ser uma conversa, um diálogo de igual para igual entre personagem, diretor e espectador.

Produção de Alain Fresnot é um dos melhores filmes de época brasileiros dos últimos anos

Depois de conquistar o público com as comédias Ed Mort (1997) e Lua cheia (1989), o diretor paulista Alain Fresnot volta-se para um drama épico. Desmundo não é fácil de ver ou entender, mas vale muito a pena. Tudo no filme funciona bem, dos atores à direção de arte, passando pela fotografia de Pedro Farkas e a trilha sonora do maestro John Neschling.

Adaptado do romance homônimo de Ana Miranda, o longa acompanha o nascimento do Brasil pelo o olhar de uma mulher. Em 1570, a jovem portuguesa Oribela (Simone Spoladore) é enviada à colônia para se casar com Francisco (Osmar Prado). Apavorada ao deparar com um mundo selvagem e rude que não compreende, conta com a ajuda do cristão novo Ximeno (Caco Ciocler) para tentar fugir. Mais do que o despudor religioso e o canibalismo, Oribela rejeita os hábitos grosseiros e a imundície da terra nova. Graças ao elenco, o retrato desse país desprezível fica bem delineado. Osmar Prado representa com perfeição a brutal e suja sociedade colonial, enquanto Simone Spoladore encarna a angústia de ficar à mercê de regras que não aceita.

O tom ríspido da narrativa é compensado pelas belas imagens e pela impecável reconstituição de época. Os cenários, os figurinos e os 150 índios treinados para atuar como figurantes emprestam realismo ao filme. Até a linguagem da época foi preservada. Desmundo é falado em português arcaico e legendado em português contemporâneo. A ousadia pode assustar alguns espectadores, mas Fresnot, de novo acertou. Além de dar um toque refinado à obra, o idioma enriqueceu ainda mais a produção, que mostra um Brasil pouco visto no cinema. O nascimento de uma nação.

Shirley Paradizo
Isto É Gente
Junho de 2003

No Palácio do Planalto

De repente, estou no Palácio do Planalto, exibindo o filme para o presidente Lula, que instituiu o saudável hábito de acompanhar a produção dos filmes brasileiros. A projeção foi tranqüila, com o presidente "a meu lado", apesar da cadelinha da casa ficar passeando pela sala ao longo da projeção. Depois, tive a honra de ser o convidado do jantar na grande mesa losangular do palácio. Eu estava à esquerda do presidente, tentando imaginar algum assunto para manter uma conversação que tivesse aparência de normalidade. Ocorre que, por coincidência, o médico que me atendeu por um pequeno problema de bursite no ombro é o mesmo que acompanha o presidente Lula há muito tempo. Iniciei o papo por aí. O protocolo recomenda que não se divulgue conversa com autoridades, principalmente com o presidente da República, a não ser com autorização, de forma que não vou abrir as reflexões que o presidente me fez. Registro apenas a cara de espanto, de "não acredito que esse cara está falando isso" quando pedi para ele uma "força" para conseguir fazer meu próximo filme.

Difícil dizer quem está mais sem jeito

L'Ancinav va?*

O cineasta Alain Fresnot, produtor e presidente da Apaci, discute o papel e a importância da Agência Nacional do Audiovisual

O cinema brasileiro, ao longo dos seus mais de 100 anos de existência, nunca conseguiu bases econômicas e jurídicas que permitissem a sua efetiva consolidação como atividade auto-sustentável.

Isto não se deve aos produtos em si ou aos profissionais, diretores e produtores, pois há inúmeros exemplos de filmes excelentes e sucessos de bilheteria ao longo dos anos. Nossos diretores são competentes e nossos empresários ganham dinheiro na publicidade, no cinema institucional ou noutras atividades como a distribuição e a exibição, prova de sua serenidade e competência. Mas não na produção. Por quê?

Os motivos são vários, sobrepõem-se, alternamse ao longo dos anos, mas estão sempre presentes, desestimulando qualquer investimento não subsidiado. Para entender este ambiente cronicamente perverso é preciso compreender a especificidade do negócio cinematográfico.

O cinema é uma das áreas da atividade produtiva que mais cedo se globalizou. A indústria americana conquistou ao longo do século passado, com a defesa de seus produtores e com as oportunidades criadas com os dois conflitos mundiais, uma escala de produção e distribuição única na História. É isso que torna a permanência de um esforço produtor por parte dos outros países difícil de sustentar e, essencialmente, dependente da intervenção estatal direta ou mediada, mas sempre imprescindível.

O negócio cinematográfico, com o advento das novas tecnologias a partir da televisão, multiplicou suas fontes de retorno: ontem só TV, hoje video home, DVD, Internet, celular, a ponto de o retorno financeiro de um filme americano ser hoje nos cinemas de aproximadamente só 30% de sua rentabilidade total.

O cinema brasileiro, além de enfrentar a forte concorrência dos grandes e competentes filmes americanos, não se remunera convenientemente, nem na televisão, nem nas outras mídias. Deixado simplesmente nas mãos do "mercado" no formato que temos hoje, o cinema brasileiro simplesmente desaparece. Tivemos a prova disso nos anos Collor, com a total paralisia da atividade produtiva.

O Brasil, pelo seu tamanho, pela população que tem, não pode dar-se o luxo de jogar a toalha, de desistir de ser produtor, condenando-se a *importador eterno de conteúdo. Este segmento da atividade econômica é dos mais importantes e promissores e tem implicações culturais que são evidentes e multiplicadoras de oportunidades.*

Nesta esquizofrenia, entre querer ter um cinema nacional e não ter as condições de tê-lo, o Brasil debate-se há décadas, sem desistir de produzir e sem criar as condições de fazê-lo.

Estamos vivendo agora, com o episódio da proposta de criação da Agência Nacional do Audiovisual (Ancinav) mais um capítulo desta crise eterna, na qual, em geral, o cinema brasileiro sai mais frágil do que entra. Há mais de 30 anos na área, espero que desta vez seja diferente, mas esse tipo de conflito que estamos presenciando não permite otimismo exagerado.

Não faltam exemplos na história moderna de sociedades que perderam posições, áreas de atuação ou segmentos de mercado por divergências internas e falta de capacidade de negociação, de articulação dos segmentos da atividade e destes com o poder público. Nas épocas de "radicalidade", a primeira vítima é o bom senso e quem perde é o país.

O mundo está mudando muito rápido na área de transmissão de conteúdo. Vivemos uma revolução tecnológica que vai impondo sua própria lógica, é a chamada convergência das plataformas em que a transmissão de conteúdo pode dar-se por meio de qualquer eletroeletrônico, fixo ou móvel. O Brasil tem muito o que fazer e tem pressa.

Os caminhos da Ancinav

Neste quadro, a partir do início deste governo, começou-se um processo de estudo e formatação de um projeto de legislação ambicioso para a área. Esse projeto, desenhado intramuros, ao expor sua vontade de regular o conteúdo nos meios de comunicação e ao propor simultaneamente uma quantidade de taxas e contribuições sobre vários segmentos da atividade, gerou uma tão viva reação dos interesses contrariados que por pouco estes derrubam toda a iniciativa.

A partir daí, no âmbito do Conselho Superior do Cinema e fora dele, uma intensa negociação foi-se dando entre sindicatos, entidades e todos os segmentos da atividade. Esta foi alterando o projeto, tornando-o mais consensual, mas profundas divergências persistem. Provavelmente o texto que irá ao Congresso Nacional será ainda desconfortável para um dos lados e teremos uma medição de forças no Legislativo federal, cujo resultado é imprevisível e pode ser uma soma que totalize zero.

Fato é que o Brasil está profundamente defasado em relação à legislação do audiovisual e precisaria avançar muito rápido. O desenvolvimento dos países da Península Ibérica e de alguns asiáticos mostrou que é possível, no prazo de uma geração, tirar um país de sua condição de subdesenvolvimento.

Os problemas do Brasil são a exclusão social e a concentração das oportunidades e renda. O audiovisual brasileiro reproduz fielmente essa dualidade e exclusão. Por um lado, temos um centro de excelência na produção de audiovisual para televisão, por outro 90% dos brasileiros não têm acesso aos cinemas ou à TV a cabo. Nosso sistema de televisão pública não está à altura dos desafios, sendo incapaz de fazer frente ás necessidades da área. Por último, mas não menos importante, a "convergência das plataformas" com a possibilidade de grandes grupos internacionais transmitirem conteúdo, preocupa a comunidade audiovisual brasileira com seus riscos para o capital e conteúdos nacionais.

Nesta alteração de "ambiente", torna-se natural a participação da Rede Globo de Televisão nas campanhas de valorização da cultura brasileira e bem como o apoio à limitação de propriedade para não brasileiros das empresas de comunicação e telecomunicações. Esta mudança de quadro também contribui para sua associação aos produtores, para a realização de filmes de longa-metragem.

Ao colocar sua força de comunicação a serviço do cinema brasileiro, a Rede Globo uniu seus esforços ao das grandes distribuidoras internacionais e ao de outras menores, para a co-produção de filmes com potencial de público. Estas empresas, operando com dinheiro incentivado, de renúncia fiscal, capitalizaram a produção de filmes. Isso criou um ciclo de "excelência" na relação com o público e representou um aumento significativo na presença do cinema brasileiro no mercado.

Esta "fórmula de sucesso", evidentemente não é infalível, mas é real. Funciona. Não deve ser desmontada sob pena de regredirmos dramaticamente no tempo, nos empregos e na visibilidade de nossos filhos.

Este ciclo virtuoso, porém, vem acompanhado de dois fatos: por um aspecto, a intransigência por parte das televisões de participar financeiramente do esforço de ampliação da capacidade de investimento do Estado no setor, sendo refratária a qualquer forma de taxação. Por outro, dada a fragilidade de capacidade de investimento, a criação de dois padrões, dois universos paralelos.

Os filmes "com Globo", que podem almejar o sucesso e os "sem Globo", que dificilmente escaparão do fracasso.

Claro está que este problema não cabe à Globo resolver, mas a exclusão praticamente "inapelável" para tantos filmes, a "pequenez" e nosso mercado (por volta de 100 milhões de ingressos vendidos, equivalentes a 0,6 ingresso por habitante/ano) e quantidade muito pequena de salas de cinema no País, são tantos motivos a reclamar o que propõe a Ancinav: a criação de uma agência forte de regulação e fiscalização no universo audiovisual e a constituição de um fundo de fomento e investimento para atender aos projetos em todos os segmentos da atividade.

Há, ainda, o fato de que nossos filmes quase nada recebem dos mercados ditos "ancilares", DVD e outros. Também não temos tido, ainda por falta de recursos e apoio público, melhores condições para o esforço exportador.

Enfim, com exceção dos poucos que só olham seu interesse imediato, os outros são unânimes em apontar a necessidade de fortes investimentos para a superação definitiva de gargalos históricos que amarram o desenvolvimento da área. O problema é quem vai pagar a conta.

Para os interesses dos produtores cinematográficos, do crescimento do cinema brasileiro, todas as fontes de capitalização são válidas e não excludentes: a taxação dos segmentos da atividade, como em vários países do mundo, o incremento dos mecanismos de renúncia fiscal, a taxação dos aparelhos de TV e vídeo, os suportes, as fitas virgens ou mesmo uma composição destas e de outras diversas fontes. Como dizia Deng Xao "pouco importa a cor do gato."

Só não nos interessa um desacordo, um "cada um por si" que dê à luz no Congresso brasileiro a um "aleijão" pobre e impotente. O audiovisual brasileiro terá perdido mais três anos; o Brasil, um instrumento necessário à sua modernização; e nosso cinema, o cinema de Humberto Mauro, Mario Peixoto, Lima Barreto, Glauber Rocha, Leon Hirszman, Roberto Santos entre tantos outros, que morreram sem vê-lo, mais uma chance de se consolidar.

Alain Fresnot
Gazeta Mercantil
Dezembro de 2004

* Esse título saiu sem interrogação no jornal, o que evidentemente lhe deu outro sentido.

Meu Brasil brasileiro II

Dentre as várias modificações da legislação cinematográfica que surgiram nessa época, uma foi a exigência de que as produtoras fossem de propriedade de brasileiros natos ou naturalizados. Por conta disso, apesar de avesso a trâmites burocráticos e com mais de quarenta anos de Brasil, naturalizei-me brasileiro.

Já que a providência burocrática era necessária, resolvi sacramentá-la com uma celebração. Instituí a figura do padrinho e madrinha de naturalização e convidei uns trinta amigos mais chegados. Fizemos uma grande feijoada no restaurante Pandoro, animada por um conjunto de samba de raiz, o Sem Vintém.

Apesar do motivo técnico, confesso que a solenidade, a festa me emocionou. Solenidades servem para isso. Minha madrinha de naturalização foi a Lígia Fagundes Telles e, padrinho, o cineasta Roberto Farias.

Tempos depois, com o mesmo conjunto de samba fizemos, Sabina e eu, nossa festa de casamento na quadra da Vai-Vai, no Bexiga. Foi uma bela festa.

372

Sabina e eu no convite de casamento, presente do Laerte

Uma Noite, Xique e Corfu

Desde o lançamento de *Desmundo*, estou tentando viabilizar uma comédia, *Xique no úrtimo*. É um filme popular. Até hoje, não fiz nenhum grande sucesso de público e isto me incomoda, mais ainda, em razão do fraco retorno de público que o *Desmundo* teve. Minha intenção é fazer uma comédia com personagens realistas, não uma fábula como Ed ou Lua. Com *Xique no úrtimo*, quero desenvolver personagens realistas num filme atual, que sustentam, através de suas ações e reações, a narrativa. Mais uma vez, estou amargando meu quarto ano de captação de recursos, só consegui até agora reunir um milhão de reais, tendo perdido todos os concursos públicos, do Governo do Estado, da Petrobras... Por outro lado, consegui sensibilizar a Globo Filmes para o projeto, o que é muito importante para um filme com ambição de grande público. Hoje, o cinema brasileiro se divide em duas faixas, com Globo Filmes e sem. Depois de ter sido cozinhado em fogo brando pela Columbia por mais de ano, fechei a distribuição com o Otelo da Playarte. Ainda dependo do aporte do poder público para conseguir realizar este filme. Há um nível mínimo de orçamento abaixo do qual só se consegue produzir prejudicando o filme. Espero que este ano de 2006 seja o de conclusão de captação e que eu possa filmar em 2007. Para minha surpresa, *Uma noite não é nada*, que submeti ao concurso de baixo orçamento do Ministério da Cultura, teve a nota mais alta entre os vinte finalistas, mas não foi escolhido entre os cinco filmes a serem produzidos. Acredito que minha imagem de "produtor" e o fato de ser do "Eixo Rio-São Paulo" conspiraram para não me permitir fazer este filme. Há que considerar também a fraquíssima disponibilidade de recursos com que conta o Ministério da Cultura para a produção de cinema. Espero ainda filmar a paixão maluca do professor Agostinho pela vida e sua morte. Terminei

agora o roteiro do Corfu Princess, Histórias do Cais. Há alguns anos, quero filmar algo ligado à liberdade e à solidão das pessoas que trabalham na marinha mercante. É uma vontade antiga, de tanto ter viajado de navio, acabei impregnado dessas imagens maravilhosas, das conversas com pessoas deste meio. Fiz dois meses de pesquisa em Santos, e Sabina alinhou esses elementos, fazendo o argumento de um filme multiplot, várias pequenas estórias de personagens do mar do porto. O argumento foi premiado pela Ancine para o desenvolvimento de roteiro e está pronto. Como conseqüência, tenho hoje três roteiros e quero fazer os três.

Aqui, quero lembrar uma história que se deu certa vez com o grande cineasta Billy Wilder. Ele foi visitar Fellini e saíram na noite em Roma e, ao reconhecê-los, as pessoas perguntavam: Senhor Fellini, quando o senhor vai fazer seu próximo filme? Senhor Wilder, e o senhor, quando vai fazer seu próximo filme? Billy Wilder relata a resposta de Fellini: "Quando eu puder, quando eles deixarem." Esta história é reveladora de que, independentemente do talento, o cinema é uma arte cara e todo cineasta faz o que pode para tentar fazer o que quer.

Decidi não escrever mais nenhum roteiro antes de filmar pelo menos um dos três que tenho. Se eu conseguir fazer primeiro o *Xique*, o que aparentemente vai acontecer, reforçarei minha imagem de diretor de comédias. Se fizer *Uma noite não é nada* em preto-e-branco como pretendo, reforçarei o lado de cineasta trágico e humanista. Resumindo, sigo sendo um cineasta sem alma.

Epílogo

Estou hoje com 55 anos, na primeira infância da velhice. Desde adolescente, sempre tive a intuição de que a velhice seria minha fase de maior alegria e felicidade. Ela, de fato, está começando bem. Sabina é uma pessoa rara. Com ela descobri que, além de feliz, sou sortudo. Mariana, minha filha, apesar de meus conselhos, está tornando-se uma excelente editora / montadora. Alice, caçula, dificilmente escapa do cinema, que, como todos sabem, é uma cachaça.

Por falar nisso, pretendo me suicidar aos 90, dia 6 de junho de 2041, à base de cachaça, caldinho de feijão e torresmo, se chegar até lá.

Até lá, quero fazer mais alguns filmes. Desenvolver um trabalho como artista plástico, voltar a atuar e também aprimorar meus conhecimentos náuticos para poder dar a volta ao mundo velejando ou, dependendo do estado do mar e do vento, dar pelo menos a volta da Ilhabela.

Filmografia

1967

As amorosas

Ficção, PB, 35mm, 100 min
Produtora: Kamera Filmes
Produção Executiva: Walter Hugo Khouri e Willian Khouri
Direção: Walter Hugo Khouri
Roteiro: Walter Hugo Khouri
Continuidade: Alain Fresnot e Ana Carolina
Montagem: Maria Guadalupe
Direção de Arte: Romeu Landrini
Fotografia: Pio Zamuner
Música: Rogério Duprat
Som: Raul Nanni, Antônio Vitale
Elenco Principal: Lilian Lemmertz, Paulo José, Anecy Rocha, Stênio Garcia, Clarisse Abujamra, Antônio Peticov, Arnaldo Baptista, Sérgio Dias, Rita Lee, Júlia Lemmertz e Os Mutantes.

Fonte: *Dicionário de filmes brasileiros*, Futuro Mundo Gráfica e Editora Ltda.

1973

Doces e salgados

Ficção, PB, 16mm, 8 min
Produtora: ECA Escola de Comunicação e Artes da Universidade de São Paulo
Direção: Alain Fresnot

Roteiro: Alain Fresnot
Montagem: Alain Fresnot
Fotografia: Adilson Ruiz
Elenco Principal: Esther Góis, Deborah Weltman.

Fonte: Letreiro do filme

1973

Omnibus

Ficção, PB, 16mm, 12 min
Produtora: ECA Escola de Comunicação e Artes da Universidade de São Paulo
Produção: Alain Fresnot
Direção: Sérgio Bianchi
Roteiro: Sérgio Bianchi
Montagem: Alain Fresnot

Fonte: Letreiro do filme

Partido alto

Documentário, cor, 16mm, 22 min
Produtora: Embrafilme
Direção: Leon Hirszman
Roteiro: Leon Hirszman
Montagem: Alain Fresnot e Luiz Carlos Saldanha
Fotografia: Lúcio Kodato
Música: Candeia, Manacéia, Wilson Moreira, Joãozinho da Pecadora, Paulinho da Viola, Osmar do Cavaco e Seu Armando
Som: Ubirajara Castro

Fonte: Biografia do Leon Hirszman
O navegador das estrelas, de Helena Salem

1974

Pêndulo

Ficção, PB, 16mm, 10 min

Produtora: ECA Escola de Comunicação e Artes da Universidade de São Paulo

Direção: Alain Fresnot

Roteiro: Alain Fresnot

Montagem: Alain Fresnot

Fotografia: Adilson Ruiz

Elenco: Cacá Rosset

Fonte: Letreiro do filme

1975

Cristais de sangue

Ficção, Cor, 35mm, 87 min

Produtora: Atalante Produções Cinematográficas

Produção Executiva: Luna Alkalay

Direção: Luna Alkalay

Roteiro: Luna Alkalay, Caetano Lagrasta, Aloysio Raulino

Montagem: Plácido de Campos Júnior e Luna Alkalay

Fotografia: Aloysio Raulino

Música: Kátia de França

Som: Walter Rogério

Elenco Principal: Salma Buzzar, Emmanuel Cavalcanti, Tuna Espinheira, Fernando Peixoto, Ruy Polanah, Waldemar Santana.

Diretor de Produção: Alain Fresnot

Fonte: *Dicionário de filmes brasileiros*, Futuro Mundo Gráfica e Editora Ltda. / Livro Catálogo Oficial – Comuniciones S. A.

1975

Nitrato

Documentário, 35mm, PB, 10 min

Produtora: Cinemateca do Museu de Arte Moderna do Rio de Janeiro/Fundação Cinemateca Brasileira, Filmes da Matriz

Produção Executiva: Alain Fresnot

Direção: Alain Fresnot

Roteiro: Alain Fresnot

Montagem: Alain Fresnot

Fotografia: Pedro Farkas

Música: Janis Joplin

Fonte: Letreiro do filme

Prêmio Governador do Estado 1975 – Melhor Direção de Curta-Metragem

1976

Alice

Ficção, Cor, 35mm, 40 min

Produtora: Raiz e Embrafilme

Produção Executiva: Assunção Hernandes

Direção: João Batista de Andrade

Roteiro: João Batista de Andrade

Montagem: Alain Fresnot

Direção de Arte: Sebastião Maria

Fotografia: Eduardo Poiano

Música: Almeida Prado

Som: Odil Phono Brasil

Elenco Principal: Luiz Alberto Galizia, Cláudio Mamberti, Laerte Morrone, Isabela Faria, Gabriela Rodela.

Fonte: Biografia de João Batista de Andrade (Coleção Aplauso cinema brasil) e o João Batista de Andrade.

1976

Trem fantasma

Ficção, Cor, 16mm, 75 min
Produtora: Acauã Produções
Produção Executiva: Luna Alkalay
Direção: Alain Fresnot
Roteiro: Alain Fresnot e Clodomiro Bacelar
Montagem: Ana Elisa Rodrigues
Fotografia: Plácido de Campos Jr
Som: Romeu Quinto JR
Elenco Principal: Márcia Pompeo, Celso Frateschi, Fernando Bezerra, Tania Alves, Elba Ramalho, Renato Dobal, Dilim, Marcos Aidar, Walter Breda, Ricardo Blat.

Fonte: *Dicionário de filmes brasileiros*, Futuro Mundo Gráfica e Editora Ltda. / Folheto de Estréia do Filme

Paranóia

Ficção, Cor, 35mm, 90 min
Produtora: Omega Filmes
Produção Executiva: Joaquim Gaspar
Direção: Antônio Calmon
Assistente de Direção: Alain Fresnot
Roteiro: Carlos Heitor Cony

Montagem: Silvio Renoldi
Direção de Arte: Maria Helena e C. Oliveira
Fotografia: José Antônio Ventura
Música: Cláudio Savietto, Dino Vicente
Som: Geraldo José
Elenco Principal: Norma Bengell, Anselmo Duarte, Nuno Leal Maia, Ana Maria Magalhães, Lucélia Santos, Paulo Villaça, Kléber Afonso, Rubens Araújo, Bruno Barroso, Neuza Borges, Haroldo Botta, João Carlos, Rofran Fernandes, João Gregório, France Mary, Eduardo Nogueira, Benê Silva.

Fonte: *Dicionário de filmes brasileiros*, Futuro Mundo Gráfica e Editora Ltda.

1977

Caso norte

Docudrama, Cor, 16mm, 38 min
Produtora: TV Globo
Produção Executiva: Fernando Pacheco Jordão
Direção: João Batista de Andrade
Roteiro: João Batista de Andrade
Montagem: Reinaldo Volpato e Alain Fresnot
Fotografia: Jorge Santos
Som: Clodomiro Bacellar
Elenco Principal: Betinho, Amélia, Manfredo Bahia, Eduardo Zá, França Antunes

Fonte: Biografia de João Batista de Andrade (Coleção Aplauso cinema brasil) e o João Batista de Andrade

Noite em chamas
Ficção, Cor, 35mm, 80 min
Produtora: Masp Filmes
Produção Executiva: M. Augusto de Servantes
Direção: Jean Garret
Roteiro: Jean Garret, Luiz Castillini, Carlos Reichenbach
Montagem: Alain Fresnot
Direção de Arte: Paulo Henrique
Fotografia: Reynaldo Barros
Música: Mario Bruno Carezzato
Elenco Principal: Lola Brah, Maria Lúcia Dahl, Tony Ferreira, Sérgio Hingst, Zilda Mayo, Ricardo Petráglia, José Júlio Spiewak.

Fonte: *Dicionário de filmes brasileiros*,
Futuro Mundo Gráfica e Editora Ltda.

1978
Doramundo
Ficção, Cor, 35mm, 95 min
Produtora: Raiz Filme e Embrafilme
Produção Executiva: Assunção Hernandes
Direção: João Batista de Andrade
Assistente de Direção: Alain Fresnot
Roteiro: João Batista de Andrade, Geraldo Ferraz, Alain Fresnot, David José
Montagem: Glauco Mirko Laurelli
Assistente de Montagem: Alain Fresnot
Direção de Arte: Laonte Klawa
Fotografia: Antônio Meliande

Música: José Antônio de Almeida Prado
Som: Álamo
Direção de Dublagem: Alain Fresnot
Elenco Principal: Irene Ravache, Antônio Fagundes, Denoy de Oliveira, Aldo Bueno, Fernando Peixoto.

Fonte: Biografia do João Batista de Andrade, *Dicionário de filmes brasileiros*, Futuro Mundo Gráfica e Editora Ltda.

Prêmios Festival de Gramado 1978
Melhor Filme
Melhor Diretor
Melhor Cenografia

Wilsinho Galiléia
Ficção, Cor, 16mm, 82 min
Produtora: Raiz Filme para Globo Repórter
Produção Executiva: João Batista de Andrade
Direção: João Batista de Andrade
Assistente de Direção: Alain Fresnot
Roteiro: João Batista de Andrade
Montagem: Helder Titto e Alain Fresnot
Fotografia: Adilson Ruiz
Música: Abaluaiê, de Waldemar Henrique
Som: Clodomiro Bacellar
Elenco Principal: Paulo Mendes, Gilberto Moura, Ivan José, Telma Helena, Cláudia Castro.

Fonte: Biografia de João Batista de Andrade (Coleção Aplauso cinema Brasil)

1979

Mar de lama

Documentário, Cor, 35mm, 10 min
Produtora: Acauã Produções Artísticas Ltda.
Produção Executiva: Alain Fresnot
Direção: Wagner de Carvalho
Roteiro: Wagner de Carvalho
Montagem: Alain Fresnot
Fotografia: Adilson Ruiz
Som: Paulo Márcio Galvão

Fonte: Letreiro do filme

ABC da greve

Documentário, Cor, 16mm, 84 min
Produtores associados: Irma, Maria e João Pedro Hirszman, Taba Filmes, Adrian Cooper, Cláudio Khans, Ivan Novais, Francisco Mou, Uli Bruhn
Direção: Leon Hirszman
Fotografia: Adrian Cooper
Direção de produção: Cláudio Khans, Ivan Novais
Produção executiva de finalização: Carlos Augusto Calil
Som direto: Francisco Mou, Uli Bruhn
Som adicional: Alain Fresnot, Cláudio Khans, Ivan Novais
Montagem: Adrian Cooper
Edição de som: Walter Rogerio
Texto e narração: Ferreira Gullar

Música: "Pode Guardar as Panelas", de Paulinho da Viola

Fonte: Biografia de Leon Hirszman – O navegador das estrelas, de Helena Salem

João Quindingues e Zé Francisco – de repente em São Paulo

Documentário, Cor, 35mm, 8 min
Produtora: Acauã Produções Artísticas Ltda.
Produção Executiva: Alain Fresnot
Direção: Adilson Ruiz
Roteiro: Adilson Ruiz
Montagem: Alain Fresnot
Fotografia: Adilson Ruiz
Som: Paulo Márcio Galvão

Elenco Principal: João Quindingues e Zé Francisco

Fonte: Letreiro do filme

Capoeira

Documentário, Cor, 35mm, 10min
Produtora: Acauã Produções Artísticas Ltda.
Produção Executiva: Alain Fresnot
Direção: Alain Fresnot
Montagem: Alain Fresnot
Fotografia: Adilson Ruiz
Som: Paulo Márcio Galvão
Letreiro: Sebastião Maria
Elenco Principal: Almir das Areias

Fonte: Letreiro do filme

Trabalhadores presente!
Documentário, Cor, 16mm, 25 min
Produtora: Raiz Produções Cinematográficas
Produção Executiva: Assunção Hernandes
Direção: João Batista de Andrade
Roteiro: João Batista de Andrade
Montagem: Alain Fresnot
Fotografia: Aloysio Raulino
Som: Romeu Quinto

Fonte: Biografia de João Batista de Andrade
(Coleção Aplauso cinema Brasil)

Sede de amar (Capuzes negros)
Ficção, Cor, 35mm, 90 min
Produtora: Nefer Produções Cinematográficas
Produção Executiva: Ney Fernando Arruda Alves
Direção: Carlos Reichenbach
Roteiro: Mauro Chaves
Montagem: Alain Fresnot
Fotografia: Carlos Reichenbach
Música: Mauro Chaves
Som: Julio Perez Caballar, Orlando Macedo
Elenco Principal: Sandra Bréa, Luiz Gustavo, Roberto Maya

Fonte: Biografia de Carlos Reichenbach
(Coleção Aplauso cinema Brasil)

1980

Estranho sorriso
Documentário, Cor, 16mm, 20 min

Produtora: Fundação das Artes de São Caetano do Sul
Produção Executiva: Walter Portella, José Armando Pereira da Silva e Heitor Capuzzo
Direção: Heitor Capuzzo e José Armando Pereira da Silva
Roteiro: Heitor Capuzzo e José Armando Pereira da Silva
Montagem: Alain Fresnot
Fotografia: Pedro Farkas
Música: Roberto Sion
Som: Romeu Quinto

Fonte: Heitor Capuzzo

Melhor filme de curta-metragem festival de Gramado 1980

1981
Eles não usam black-tie
Ficção, Cor, 35mm, 120 min
Produtora: Leon Hirszman Produções Cinematográficas e Embrafilme
Produção Executiva: Carlos Alberto Diniz
Direção: Leon Hirszman
Assistente de Direção: Alain Fresnot, Tânia Savietto e Mario Masetti
Roteiro: Gianfrancesco Guarnieri, Leon Hirszman
Montagem: Eduardo Escorel
Direção de Arte: Marcos Weinstock, Jefferson de Albuquerque

Fotografia: Lauro Escorel
Música: Adoniran Barbosa, Chico Buarque de Hollanda, Gianfrancesco Guarnieri
Som: Juárez Dagoberto Costa, Antônio César, M. Guilherme, Dominique Pâris, Marien Van de Ven
Elenco Principal: Gianfrancesco Guarnieri, Fernanda Montenegro, Carlos Alberto Riccelli, Bete Mendes, Lélia Abramo, Milton Gonçalves, Rafael de Carvalho.

Fonte: Biografia de Leon Hirszman O navegador das estrelas, de Helena Salem

O homem que virou suco
Ficção, Cor, 35mm, 97 min
Produtora: Raiz/ Embrafilme/ Gov. Estado de São Paulo

Produção Executiva: Assunção Hernandes
Direção: João Batista de Andrade
Roteiro: João Batista de Andrade
Montagem: Alain Fresnot
Direção de Arte: Marisa Rebolo
Fotografia: Aloysio Raulino
Música: Vital Farias
Som: Romeu Quinto
Elenco Principal: Aldo Bueno, Rafael de Carvalho, Ruthinéa de Moraes, Denoy De Oliveira, Dominguinhos, José Dumont, Ruth Escobar, Vital Farias, Barros Freire, Célia Maracajá, Renato Master, Luiz Alberto Pereira, Pedro Sertanejo.

Fonte: Biografia de João Batista de Andrade (coleção aplauso cinema Brasil)

Festival de Moscou 1981 – Melhor Filme
Prêmio da Critica: Nevers (França) 1982
Festival de Brasília 1980 – Melhor Roteiro, Melhor Ator: José Dumont
Festival de Gramado 1980 – Melhor Ator: José Dumont
Festival de Huelva (Espanha) 1982 – Melhor Ator: José Dumont

1982
1º conclat
Documentário, Cor, 16mm, 30 min
Produtora: Tatu Filmes, Raiz Produções
Produção Executiva: Wagner Carvalho

Direção: Adrian Cooper
Assistente de Direção: Alain Fresnot
Montagem: Alain Fresnot
Fotografia: Adrian Cooper, Peter Overbeck
Música: Chico Evangelista
Som: Alain Fresnot

Fonte: Impresso divulgação Tatu Filmes

Menção especial do festival de gramado 1982

Aquarela de São Paulo
Documentário, Cor, 35mm, 14 min
Produtora: Tatu Filmes
Produção Executiva: Cláudio Kahns
Direção: Walter Rogério

Montagem: Alain Fresnot
Fotografia: Chico Botelho
Som: Mário Masetti

Fonte: Impresso divulgação Tatu Filmes

Sete dias de agonia
Ficção, Cor, 35mm, 105 min
Produtora: Embrafilme/ Blimp Filmes/ Telemil Filmes/ Beca filmes
Produção Executiva: Denoy de Oliveira
Direção: Denoy de Oliveira
Roteiro: Denoy de Oliveira
Montagem: Carmem Saraiva/ Milton Bolinha
Direção de Arte: Perci e Abílio Cunha
Fotografia: Walter Carvalho Correia
Música: Luis Carlos Gomes e Denoy de Oliveira
Som: Miguel Sagátio
Elenco Principal: Eduardo Abbas, Luis Serra, Kátia Grumberg, Alain Fresnot, Carlos Alberto Santana, Antônio Leite, Liana Durval, Mary Neubauer.

Fonte: *Dicionário de filmes brasileiros*, Futuro Mundo Gráfica e Editora Ltda.

Terra, a medida do ter
Documentário, Cor, 16mm, 88 min
Produtora: Tarde Filmes Prods. Cinematográficas
Direção: Maria Helena Saldanha
Roteiro: Maria Helena Saldanha
Montagem: Severino Dada

Fotografia: Flávio Ferreira e Antônio Luis Mendes
Som: Alain Fresnot

Fonte: Letreiro do filme

1983
Janete
Ficção, Cor, 35mm, 120 min
Produtora: Tatu Filmes e Embrafilme
Produção Executiva: Cláudio Kahns
Direção: Chico Botelho
Roteiro: Chico Botelho, Inês Castilho e André Klotzel
Montagem: Alain Fresnot, Danilo Tadeu
Direção de Arte: Terezinha de Jesus

Fotografia: José Roberto Eliezer
Música: Arrigo Barnabé
Som: Walter Rogério
Elenco Principal: Jayme del Cueto, Nice Marinelli, Flávio Guarnieri, Denoy de Oliveira, Luiz Armando Queiroz, Lélia Abramo, Ruthinéa de Moraes, Lílian Lemmertz, Cláudio Mamberti, Turíbio Ruiz, Maria Silvia.

Fonte: *Dicionário de filmes brasileiros*, Futuro Mundo Gráfica e Editora Ltda.

1984
Tá russo
Documentário, PB, 16mm, 10 min
Produtora: Canal Produções

Produção Executiva: Luiz Alberto Pereira
Direção: Luiz Alberto Pereira
Roteiro: Luiz Alberto Pereira
Montagem: Alain Fresnot
Fotografia: Augusto Sevá
Som: Tide Borges
Fonte: III Jornada Brasileira de curta-metragem (1984) catálogo

Interior na praia
Documentário, Cor, 16mm, 25 min
Produtora: Secretaria do Interior
Direção: Cristina Prado
Montagem: Alain Fresnot

1985
A marvada carne
Ficção, Cor, 35mm, 77 min
Produtora: Tatu Filmes/ Superfilmes/ Embrafilme
Produção Executiva: Jacques Jover, Cláudio Kahns
Direção: André Klotzel
Roteiro: André Klotzel, Carlos Alberto Sofredini
Montagem: Alain Fresnot
Direção de Arte: Adrian Cooper
Fotografia: Pedro Farkas
Música: Rogério Duprat, Passoca
Som: Tide Borges Guimarães
Elenco Principal: Dionísio Azevedo, Adilson Barros, Regina Casé, Henrique Lisboa, Lucélia

Maquiavelli, Geny Prado, Paco Sanches, Fernanda Torres, Nelson Triunfo.

Fonte: *Dicionário de filmes brasileiros*, Futuro Mundo Gráfica e Editora Ltda.

Festival de Gramado 1985
Melhor Montagem
Melhor Direção
Melhor Roteiro
Melhor Fotografia

1986
Amor que fica
Ficção, Cor, 35mm, 11 min
Produtora: Ciclo Filmes e A. F. Cinema e Vídeo

Produção Executiva: Assunção Hernandez
Direção: Alain Fresnot
Roteiro: Alain Fresnot
Montagem: José Luiz Sasso
Direção de Arte: Rachel Monteiro
Fotografia: Pedro Farkas
Música: Eric Satie – Allan Stiwel
Som: Walter Rogério
Elenco Principal: Rosi Campos, Fernando Wellington, Cristiane Tricerri, Chiquinho Brandão, Humberto "Cuíca"

Fonte: Cartaz do Filme

Festival de Gramado 1986
Melhor Direção

Melhor Edição de Som
Melhor Atriz

Ser krahô
Documentário, Cor, 11 min
Produtora: Raiz Produções
Produção Executiva: Wagner Carvalho
Direção: Sebastião Maria
Roteiro: G. Azambuja e Sebastião Maria
Montagem: Alain Fresnot
Fotografia: Eduardo Poiano
Música: Comunidade Krahô
Som: Paulo Márcio Galvão

Fonte: Site Porta Curtas

1987
Jubiabá
Ficção, Cor, 35mm, 100 min
Produtora: Regina Filmes/ Banco Econômico/ Embrafilme/ Societé Française de Prodution/ Antenne 2
Direção: Nelson Pereira dos Santos
Roteiro: Jorge Amado (romance), Nelson Pereira dos Santos
Montagem: Yves Charoy, Alain Fresnot, Catherine Gabrielidis, Yvon Lemière, Sylvie Lhermenier.
Direção de Arte: Juárez Paraíso, Marco Antônio Borges, Ana Nery de Oliveira
Fotografia: José Medeiros

Música: Gilberto Gil, Baratinha, Jorge Amado, Armando Sá
Som: Juárez Dagoberto Costa, Françoise Fitoussi, Vantoem Pereira Júnior, Jorge Saldanha, José Luiz Sasso
Elenco Principal: Charles Baiano, Grande Otelo, Antonio José Santana, Zezé Motta, Betty Faria

Fonte: *Dicionário de filmes brasileiros*, Futuro Mundo Gráfica e Editora Ltda.

1988
Adultério
Ficção, Cor, 35mm, 11 min
Produtora: Zabumba Cinema e Video
Direção: Ricardo Pinto e Silva

Roteiro: Ricardo Pinto e Silva
Montagem: Alain Fresnot
Fotografia: Pedro Farkas
Elenco Principal: Otávio Augusto, Suzana Faini, Laura Cardoso

Fonte: site curtagora e fui na cinemateca – OK
Fonte: site curtagora

1989
Lua cheia
Ficção, Cor, 35mm, 80 min
Produtora: A . F. Cinema e Vídeo / Raiz Produções/ Embrafilme
Produção Executiva: Assunção Hernandez
Direção: Alain Fresnot

Roteiro: Isa Castro, Fernando Cony Campos, Alain Fresnot
Montagem: Danilo Tadeu
Direção de Arte: Carlos Liuzzi
Fotografia: Pedro Farkas
Música: Arrigo Barnabé
Som: Álamo
Elenco Principal: Lima Duarte, Otávio Augusto, Lúcia Alves, Roney Facchini, Bete Coelho, Laura Cardoso, Antonio Petrim, Antônio Abujamra

Fonte: *Dicionário de filmes brasileiros*, Futuro Mundo Gráfica e Editora Ltda.

Conselho Nacional de Cineclubes
Prêmio *Macunaíma*

Rio Cine Festival 1989
Melhor Filme

Festival de Curitiba 1988
Melhor Filme

1990
Uzebrioloco
Ficção, 35mm, cor, 9 min
Produtora: Studio Ar Cinema e Video
Produção: Adilson Ruiz
Direção: Adilson Ruiz
Roteiro: Adilson Ruiz
Montagem: Alain Fresnot

Fotografia: Lito Mendes da Rocha
Elenco Principal: José Celso Martinez Correia

Fonte: Site Curtagora

1991
O drama da Pôlonia
Ficção, Cor, 16mm, 1 min
Produtora: Nova CDI Casa dos Independentes
Produção: Isa Castro
Direção: Roberto Maya
Roteiro: Roberto Maya
Montagem: Alain Fresnot
Direção de Arte: Vera Hamburguer
Fotografia: Pedro Farkas
Som: Geraldo Ribeiro

Elenco Principal: Abraham Farc, Clarita Steinberg

Fonte: Site Curta o Curta

1992
As três mães
Ficção, Cor, 35mm, 1 min
Produtora: Nova CDI Casa dos Independentes
Produção Executiva: Isa Castro
Direção: Roberto Maya
Roteiro: Roberto Maya
Montagem: Alain Fresnot
Direção de Arte: Vera Hamburger/ Clovis Bueno
Fotografia: Pedro Farkas
Som: Geraldo Ribeiro

Elenco Principal: Etty Fraser, Rosi Campos, Edith Siqueira

Fonte: Site Curta o Curta

1993

Era uma vez no Tibet

Ficção, Cor, 35mm, 4 min
Produtora: Nova CDI Casa dos Independentes
Produção Executiva: Isa Castro
Direção: Roberto Maya
Roteiro: Roberto Maya
Montagem: Alain Fresnot
Direção de Arte: Clovis Bueno/ Vera Hamburguer
Fotografia: Pedro Farkas
Som: Kadu Vasconcelos, Luciano Kurban, Geraldo Ribeiro
Elenco Principal: Antônio Fagundes, Osmar Prado

Fonte: 9° Festival Internacional de Curtas de São Paulo (1998) catálogo

Estado de espírito

Ficção, Cor, 35mm, 5 min
Companhia(s) produtora(s): Bluechip Entertainment
Produção executiva: Patrícia Zini Nunes
Companhia(s) distribuidora(s): Bluechip Entertainment
Roteirista: Daniel Davidsohn
Direção: Daniel Davidsohn
Direção de fotografia: Fernando Oliveira

Montagem: Alain Fresnot
Música (Genérico): Luiz de Boni, Sergio Hinds
Elenco Principal: Raul Cortez, Alexandre Borges

Fonte: Base de dados da Cinemateca Brasileira

1994

Pé de pato

Ficção, Cor, 35mm, 10 min
Produtora: A. F. Cinema e Vídeo Ltda.
Produção Executiva: Van Fresnot
Direção: Alain Fresnot
Roteiro: Alain Fresnot
Montagem: Alain Fresnot
Direção de Arte: Tião Maria
Fotografia: Pedro Farkas

Música: André Abujamra,
Som: Walter Rogério
Elenco Principal: Rosi Campos, Gerson de Abreu, Jean Garret, Júlio Colasso, Gesio Amadeu, Francisco Nunes, Marcelo Cândido, Anderson Tadeu.

Fonte: Letreiro do filme

1996

Ed Mort

Ficção, Cor, 35mm, 100 min
Produtora: AF Cinema e Vídeo Ltda.
Produção Executiva: Van Fresnot e Maria Ionescu
Direção: Alain Fresnot
Roteiro: Alain Fresnot, José Rubens Chachá

Montagem: Idê Lacreta e Alain Fresnot
Direção de Arte: Cristiano Amaral
Fotografia: Pedro Farkas
Música: Arrigo Barnabé
Som: Márcio Jacovani
Elenco Principal: Paulo Betti, Cláudia Abreu, Otávio Augusto, Ary Fontoura, Irene Ravache,Roseane Lima, Rosi Campos, José Rubens Chachá, Chico Buarque, Gilberto Gil, Cauby Peixoto, Luíza Thomé, Marília Gabriela, José Mojica Marins

Fonte: *Dicionário de filmes brasileiros*, Futuro Mundo Gráfica e Editora Ltda.

Prêmio HBO do Cinema Brasileiro

Festival de Salvador 1997
Melhor Direção
Melhor Ator
Melhor Atriz
Melhor Ator Coadjuvante
Melhor Atriz Coadjuvante
Melhor Montagem
Melhor Cenografia

1998
Kenoma
Ficção, Cor, 35mm, 110 min
Produtora: A.F. Cinema e Vídeo Ltda.
Produção Executiva: Alain Fresnot, Van Fresnot
Direção: Eliane Caffé

Roteiro: Luiz Alberto de Abreu, Eliane Caffé
Montagem: Idê Lacreta
Direção de Arte: Clovis Bueno
Fotografia: Hugo Kovensky
Música: André Abujamra, Lulu Camargo
Som: Nério Barberis
Elenco Principal: José Dumont, Mariana Lima, Enrique Díaz, Jonas Bloch, Eliana Carneiro, Matheus Nachtergaele

Fonte: *Dicionário de filmes brasileiros*, Futuro Mundo Gráfica e Editora Ltda.

Prospective, Veneza 1998

Festival De Brasília 1998

Melhor Ator
Melhor Direção de Arte
Melhor Letreiros

Melhor filme no Festival de Biarritz 1998

O trabalho dos homens
Ficção, Cor, 35mm, 9 min
Companhia(s) produtora(s): A. F. Cinema e Vídeo
Produção: Eliane Bandeira, Van Fresnot, Alain Fresnot
Produção executiva: Van Fresnot, Alain Fresnot
Roteirista: Fernando Bonassi, Victor Navas
Direção: Fernando Bonassi
Direção de fotografia: Hugo Kovensky
Som direto: João Godoy

Montagem: Verônica Kovensky
Montagem de som: João Godoy
Música (Genérico): Lívio Tragtenberg
Elenco: Alleyona Cavalli, Ney Piacentin, Celso Frateschi, Fernando Vieira

Fonte: Base de dados da Cinemateca Brasileira

1999

Castelo rá-tim-bum

Ficção, Cor, 35mm, 108 min
Produtora: A.F. Cinema e Vídeo Ltda.
Produção Executiva: Van Fresnot
Coordenação Financeira: Alain Fresnot
Direção: Cao Hamburger
Roteiro: Anna Muylaert
Montagem: Michael Ruman
Direção de Arte: Bia Pessoa
Fotografia: Marcelo Durst
Música: André Abujamra, Lulu Camargo
Som: Miriam Biderman
Elenco Principal: Diego Kozievitch, Rosi Campos, Sérgio Mamberti, Marieta Severo, Pascoal da Conceição, Matheus Nachtergaele

Fonte: *Dicionário de filmes brasileiros*, Futuro Mundo Gráfica e Editora Ltda.

2000

Através da janela

Ficção, Cor, 35mm, 85 min
Produtora: AF Cinema e Vídeo

Produção Executiva: Alain Fresnot e Van Fresnot
Direção: Tata Amaral
Roteiro: Jean Claude Bernadet, Fernando Bonassi, Tata Amaral
Montagem: Idê Lacreta
Direção de Arte: Ana Maria Abreu e Clô Azevedo
Fotografia: Hugo Kovensky
Música: Lívio Tragtemberg, Wilson Sukorski
Som: João Godoy
Elenco Principal: Ana Lúcia Torre, Leona Cavalli, João Acaiabe, Antônio Petrin, Débora Duboc, José Rubens Chachá

Fonte: *Dicionário de filmes brasileiros*, Futuro Mundo Gráfica e Editora Ltda.

Festival de Recife 2000
Melhor Direção
Melhor Roteiro
Melhor Atriz

Menção Honrosa no Festival de Kerala 2000 – Índia

2003
Desmundo
Ficção, Cor, 35mm, 100 min
Produtora: AF Cinema e Vídeo Ltda.
Produção Executiva: Van Fresnot
Direção: Alain Fresnot

Roteiro: Sabina Azuategui, Alain Fresnot
Montagem: Júnior Carone, Mayalu Oliveira, Alain Fresnot
Direção de Arte: Adrian Cooper, Chico de Andrade
Fotografia: Pedro Farkas
Música: John Neschling
Som: Romeu Quinto
Elenco Principal: Simone Spoladore, Osmar Prado, Caco Ciocler, Berta Zemel, Beatriz Segall, Cacá Rosset.

Fonte: *Dicionário de filmes brasileiros*, Futuro Mundo Gráfica e Editora Ltda.

Festival de Brasília
Melhor Atriz Coadjuvante
Melhor Trilha Sonora

Festival de Cinema Brasileiro Na França 2004
Melhor Longa-Metragem

Prêmio APCA 2003
Melhor Atriz

Prêmio ABC 2004
Melhor Direção de Arte
Melhor Fotografia

Grande Prêmio TAM do Cinema Brasileiro 2004
Melhor Direção de Arte

Melhor Figurino
Melhor Maquiagem

2005
Xique no úrtimo (nome provisório) – em captação de recursos

2004
A viagem do espirito
Cor, MiniDV , 20min.
Vídeo Institucional

Roteiros de longas
Exército encantado 1980
Uma noite não é nada 1998

Corfu princess 2005

Funções públicas

Vice-presidente Apaci 2001 – 2003

Presidente da Apaci 2003 – 2005

Presidente da Comissão Estadual de Cinema

Membro do Conselho Superior de Cinema 2004 – 2006

Membro do Júri no Festival de Brasília 2003

Membro Júri no Festival Internacional do Rio de Janeiro 2004

Membro do Júri no Festival de Gramado 2006

Índice

Créditos das fotografias

Revista Intervalo 52

Bob Wolfenson 96, 99

Folha de S. Paulo 127, 283

Gazeta de Pinheiros 149

A.C. d'Avila 158,159

Ayrton Magalhães 172, 176, 182, 184

Ari Brandi 190, 192

Cris D'Ávila 224, 226, 227, 241, 242, 243

Ramon Lopes 291

Werington Kermes 306, 312

Ching C. Wang 324, 326

Demais fotografias – acervo Alain Fresnot

Coleção Aplauso

Série Cinema Brasil

Anselmo Duarte - O Homem da Palma de Ouro
Luiz Carlos Merten

A Cartomante
Roteiro comentado por seu autor Wagner de Assis

A Dona da História
Roteiro de João Falcão, João Emanuel Carneiro e Daniel Filho

Bens Confiscados
Roteiro comentado pelos seus autores
Carlos Reichenbach e Daniel Chaia

Braz Chediak - Fragmentos de uma vida
Sérgio Rodrigo Reis

Cabra-Cega
Roteiro de DiMoretti, comentado por Toni Venturi
e Ricardo Kauffman

O Caçador de Diamantes
Vittorio Capellaro comentado por Maximo Barro

Carlos Coimbra - Um Homem Raro
Luiz Carlos Merten

Carlos Reichenbach -
O Cinema Como Razão de Viver
Marcelo Lyra

Casa de Meninas
Inácio Araújo

Cinema Digital
Luiz Gonzaga Assis de Luca

Como Fazer um Filme de Amor
José Roberto Torero

Críticas Edmar Pereira - Razão e sensibilidade
Org. Luiz Carlos Merten

Críticas Jairo Ferreira - Críticas de invenção: os anos do São Paulo Shimbun
Org. Alessandro Gamo

Críticas L. G. Miranda Leão
Org. Aurora Miranda Leão

De Passagem
Roteiro de Cláudio Yosida e Direção de Ricardo Elias

Djalma Limongi Batista - Livre Pensador
Marcel Nadale

Dois Córregos
Carlos Reichenbach

Fernando Meirelles - Biografia prematura
Maria do Rosario Caetano

Fome de Bola - Cinema e futebol no Brasil
Luiz Zanin Oricchio

Guilherme de Almeida Prado - Um cineasta cinéfilo
Luiz Zanin Oricchio

Helvécio Ratton - O Cinema Além das Montanhas
Pablo Villaça

Jeferson De - Dogma feijoada - o cinema negro brasileiro
Jeferson De

João Batista de Andrade - Alguma Solidão e Muitas Histórias
Maria do Rosário Caetano

Jorge Bodanzky - O homem com a câmera
Carlos Alberto Mattos

Narradores de Javé
Eliane Caffé e Luís Alberto de Abreu

O Caso dos Irmãos Naves
Luis Sérgio Person e Jean-Claude Bernardet

O Homem que Virou Suco
Roteiro de João Batista de Andrade por Ariane Abdallah e Newton Cannito

Pedro Jorge de Castro - O calor da tela
Rogério Menezes

Rodolfo Nanni - Um Realizador Persistente
Neusa Barbosa

Viva-Voz - roteiro
Márcio Alemão

Ugo Giorgetti - O Sonho Intacto
Rosane Pavam

Zuzu Angel - roteiro
Sergio Rezende e Marcos Bernstein

Série Cinema

Bastidores - Um outro lado do cinema
Elaine Guerini

Série Teatro Brasil

Antenor Pimenta e o Circo Teatro
Danielle Pimenta

Trilogia Alcides Nogueira - ÓperaJoyce - Gertrude Stein, Alice Toklas & Pablo Picasso - Pólvora e Poesia
Alcides Nogueira

Samir Yazbek - O teatro de Samir Yazbek
Samir Yazbek

Críticas Maria Lucia Candeias - Duas tábuas e uma paixão
Org. José Simoes de Almeida Júnior

Críticas Clóvis Garcia - A crítica como oficio
Org. Carmelinda Guimarães

Teatro de Revista em São Paulo
Neyde Veneziano

Série Perfil

Alcides Nogueira - Alma de Cetim
Tuna Dwek

Aracy Balabanian - Nunca Fui Anjo
Tania Carvalho

Bete Mendes - O Cão e a Rosa
Rogério Menezes

Cleyde Yaconis - Dama Discreta
Vilmar Ledesma

David Cardoso - Persistência e Paixão
Alfredo Sternheim

Etty Fraser - Virada Pra Lua
Vilmar Ledesma

Gianfrancesco Guarnieri - Um Grito Solto no Ar
Sérgio Roveri

Ilka Soares - A Bela da Tela
Wagner de Assis

Irene Ravache - Caçadora de Emoções
Tania Carvalho

John Herbert - Um Gentleman no Palco e na Vida
Neusa Barbosa

José Dumont - Do Cordel às Telas
Klecius Henrique

Luís Alberto de Abreu - Até a Última Sílaba
Adélia Nicolete

Maria Adelaide Amaral - A emoção libertária
Tuna Dwek

Miriam Mehler - Sensibilidade e paixão
Vilmar Ledesma

Nicette Bruno e Paulo Goulart - Tudo Em Família
Elaine Guerrini

Niza de Castro Tank - Niza Apesar das Outras
Sara Lopes

Paulo Betti - Na Carreira de um Sonhador
Teté Ribeiro

Paulo José - Memórias Substantivas
Tania Carvalho

Reginaldo Faria - O Solo de Um Inquieto
Wagner de Assis

Renata Fronzi - Chorar de Rir
Wagner de Assis
Renata Palottini - Cumprimenta e pede passagem
Rita Ribeiro Guimarães
Renato Consorte - Contestador por Índole
Eliana Pace
Rolando Boldrin - Palco Brasil
Ieda de Abreu
Rosamaria Murtinho - Simples Magia
Tania Carvalho
Rubens de Falco - Um Internacional Ator Brasileiro
Nydia Licia
Ruth de Souza - Estrela Negra
Maria Ângela de Jesus
Sérgio Hingst - Um Ator de Cinema
Maximo Barro
Sérgio Viotti - O Cavalheiro das Artes
Nilu Lebert

Sonia Oiticica - Uma Atriz Rodrigueana?
Maria Thereza Vargas
Suely Franco - A alegria de representar
Alfredo Sternheim
Walderez de Barros - Voz e Silêncios
Rogério Menezes
Leonardo Villar - Garra e paixão
Nydia Licia
Carla Camurati - Luz Natural
Carlos Alberto Mattos
Zezé Motta - Muito prazer
Rodrigo Murat
Tony Ramos - No tempo da delicadeza
Tania Carvalho
Pedro Paulo Rangel - O samba e o fado
Tania Carvalho

Vera Holtz - O gosto da Vera
Analu Ribeiro

Série Crônicas Autobiográficas

Maria Lucia Dahl - O quebra-cabeças

Especial

Cinema da Boca
Alfredo Sternheim
Dina Sfat - Retratos de uma Guerreira
Antonio Gilberto
Maria Della Costa - Seu Teatro, Sua Vida
Warde Marx
Ney Latorraca - Uma Celebração
Tania Carvalho
Sérgio Cardoso - Imagens de Sua Arte

Nydia Licia
Gloria in Excelsior - Ascensão, Apogeu e Queda do Maior Sucesso da Televisão Brasileira
Álvaro Moya

Formato: 12 x 18 cm

Tipologia: Frutiger

Papel miolo: Offset LD 90g/m^2

Papel capa: Triplex 250 g/m^2

Número de páginas: 432

Tiragem: 1.500

Editoração, CTP, impressão e acabamento:
Imprensa Oficial do Estado de São Paulo

Dados Internacionais de Catalogação na Publicação
Biblioteca da Imprensa Oficial do Estado de São Paulo

Fresnot, Alain.
Alain Fresnot : um cineasta sem alma / por Alain Fresnot. – São Paulo : Imprensa Oficial do Estado de São Paulo, 2006.
432p. : il. – (Coleção aplauso. Série cinema Brasil / coordenador geral Rubens Ewald Filho).

ISBN 85-7060-233-2 (Obra completa) (Imprensa Oficial)
ISBN 85-7060-467-X (Imprensa Oficial)

1. Cineastas – Brasil 2. Cinema – Produtores e diretores 3. Fresnot, Alain I. Ewald Filho, Rubens. II. Título. III. Série.

CDD – 791.430 981

Índices para catálogo sistemático:
1. Cineastas brasileiros : Biografia 791.430 981

Foi feito o depósito legal na Biblioteca Nacional
(Lei nº 1.825, de 20/12/1907).

Imprensa Oficial do Estado de São Paulo

Rua da Mooca, 1921 Mooca
03103-902 São Paulo SP
T 00 55 11 6099 9800
F 00 55 11 6099 9674
www.imprensaoficial.com.br/lojavirtual
livros@imprensaoficial.com.br
Grande São Paulo SAC 11 6099 9725
Demais localidades 0800 0123 401

editoração, ctp, impressão e acabamento

imprensaoficial

Rua da Mooca, 1921 São Paulo SP
Fones: 6099-9800 - 0800 0123401
www.imprensaoficial.com.br